RASMUS GRØNBECH

WILD

Die besten Rezepte mit Reh, Hirsch & Fasan

CHRISTIAN

INHALT

VORWORT

Einmal – ich war so sechs oder sieben Jahre alt – wurden meine Eltern und ich bei Bekannten zum Essen eingeladen. Als wir dort ankamen und sich die Haustür öffnete, wurde ich von dem herrlichsten Duft begrüßt, den ich je erlebt habe. Ein mir völlig neuer Duft, gleichzeitig süß und herzhaft. Und in meinem Kopf kreiste nur noch die Frage, was das wohl sein könnte.

Als wir am Tisch Platz nahmen, lüftete sich das Geheimnis. Auf prächtigen Platten wurde das Abendessen serviert – auf beinahe feierliche Weise. Und das völlig zu Recht, denn das Essen hatten die Gastgeber selbst erlegt!

Das unvergessliche Festmahl bestand aus in süßem Wein geschmorten Fasanen mit Pilzen und Sahne, gekochten und gepellten Kartoffeln, einem Waldorfsalat und kandierten Preiselbeeren. So sahen die Menüs in den späten Siebzigern aus. Und es gab noch nichts, das heutige Tendenzen wie die Hinwendung zur neuen skandinavischen Küche, Steinzeit-Diäten oder die Gefahren von fetten Milchprodukten erahnen ließ. Zur damaligen Zeit waren einzig Qualität und Geschmack einer Mahlzeit entscheidend.

Es war das erste Mal, dass ich den Geschmack von Wild erfuhr und ich werde es nie vergessen. Seither bin ich großer Fan, und mit diesem Buch möchte ich gerne ein paar köstliche Rezepte weitergeben. Rezepte, die mit der Vergangenheit gemein haben, dass sie dem Geschmack des Wildes huldigen. Aber auch Rezepte, die uns die moderne Kochwelt näherbringen – mit Wild auf der Gabel!

Viel Vergnügen!

RASMUS GRØNBECH

ECHT WILD!

Gehen Sie auf Entdeckungsreise in einem Meer von neuen, kräftigen Geschmackserlebnissen.

Eins haben alle Wildfleischsorten gemeinsam: Brät man sie zu lange, werden sie aufgrund des niedrigen Fettgehaltes zu trocken und, wegen der großen Menge Blut im Fleisch, »innereienartig«. Wild, und dabei denke ich sowohl an Haar- als auch an Federwild, muss daher mit viel Respekt und ein bisschen Fingerspitzengefühl behandelt werden.

Wildgeflügelbrust oder Rücken vom Schalenwild gelingen am besten gebraten oder bei verhältnismäßig niedriger Temperatur pochiert. Geflügelschenkel oder Keule, Blatt, Haxe, Brust und Nacken vom Schalenwild sollten geschmort werden, ebenfalls bei niedriger Temperatur.

Kleine Waldvögel, Tauben und Schnepfen haben einen recht kräftigen Geschmack und sollten bei nicht zu hoher Temperatur zubereitet werden. Das Fleisch schmeckt am besten, wenn man es rot oder rosa gebraten serviert.

Das Fleisch von größeren Vögeln, zum Beispiel Graugänsen, kann manchmal zäh sein. Möchte man die Brust rosa gebraten servieren, sollte man immer dünne Scheiben quer zu den Fleischfasern herunterschneiden. Gans eignet sich am besten zum Garen bei Niedrigtemperatur oder zum Kochen.

Hase und Kaninchen verlangen dem Koch einiges ab, denn es passiert ganz leicht, dass man sie zu lange zubereitet und das Fleisch trocken und grau wird. Am besten zerlegt man die Tiere in Rückenstücke, die rot oder rosa gebraten werden, sowie in Keulen und Blätter, die sich gut schmoren lassen. Dadurch werden sie schön mürbe und man erhält eine gute Sauce.

Ich weiß natürlich, dass es nicht ganz billig ist, jeden Tag Wild zu essen, wenn man nicht selbst jagt oder zufällig einen Jäger kennt. Aber man kann die Gerichte ganz gut »strecken«, sodass sie für mehrere Tage reichen. Ein Fasan oder eine Wildente beispielsweise können gleich zweimal als Abendessen für zwei Personen herhalten: ein Festessen am ersten Tag aus dem Brustfleisch und passenden Beilagen. Und am nächsten Tag eine Wildsuppe, die man aus den Knochen und dem ausgelösten restlichen Fleisch mit Wurzelgemüse oder Pilzen kocht.

Kleine Waldvögel wie Tauben und Schnepfen gehören zu den teureren Exemplaren, weil man pro Person meist einen ganzen Vogel rechnen muss.

Was das Preis-Leistungs-Verhältnis angeht, landet der Hirsch klar auf dem ersten Platz. Denn hier handelt es sich um das beste Haarwild, was sowohl den Geschmack als auch die Fleischstruktur angeht. Kammstück und Keule sind die mit Abstand feinsten und teuersten Stücke. Gleichzeitig ist die Zubereitung ganz einfach: Das Fleisch in Stücke schneiden und in der Pfanne (am besten rosa) braten. Die etwas gröberen und schiefen Abschnitte wie Nacken, Blätter und Haxen können für hervorragende kulinarische Erlebnisse sorgen. Sie erfordern eine etwas längere Zubereitungszeit (immer mit Knochen) und werden besser geschmort als gekocht.

JAGDZEITEN

Die Jagdzeiten werden so festgelegt, dass die Tiere während der Paarungs- und Aufzuchtzeit – das heißt, wenn sie Eier und Junge haben – in Ruhe gelassen werden. Geht ein Bestand zurück, vereinbart man, die Jagdzeiten einzuschränken oder ganz aufzuheben, bis es wieder einen überlebensfähigen Bestand gibt.

Das Bundesjagdgesetz ist ein Rahmengesetz, die Jagd- und Schonzeiten werden in Deutschland auf Bundeslandebene geregelt.

Quelle: Verordnung über die Jagdzeiten, Bundesregelung

Allgemeine Jagd- und Verkaufszeiten für frisches Wild:

Damwild Alttiere und Hirsche	1. September – 31. Januar
Damwild Kälber	1. September – 28. Februar
Damwild Schmaltiere	1. Juli – 31. Januar
Fasan Hähne und Hennen	1. Oktober – 15. Januar
Feldhase	1. Oktober – 15. Januar
Rebhühner	1. September – 15. Dezember
Rehwild Böcke	1. Mai – 15. Oktober
Rehwild Kitze	1. September – 28. Februar
Rehwild Schmalrehe	1. Mai – 31. Januar
Rehwild Ricken	1. September – 31. Januar
Rotwild Alttiere und Hirsche	1. August – 31. Januar
Rotwild Kälber	1. August – 28. Februar
Rotwild Schmaltiere	1. Juni – 31. Januar
Rotwild Schmalspießer	1. Juni – 28. Februar
Ringeltauben, Türkentauben	1. November – 20. Februar
Stockente	1. September – 15. Januar
Waldschnepfe	16. Oktober – 15. Januar
Wildente	1. Oktober – 15. Januar
Wildgans	1. November – 15. Januar (Graugans zusätzlich im August)
Wildkaninchen	ganzjährig
Wildschwein Keiler und Bachen	16. Juni – 31. Januar
Wildschwein Frischlinge und Überläufer	ganzjährig

AUF DER JAGD NACH GUTEM WILD

Nun geht ja nicht jeder selbst jagen oder kennt einen Jäger, der gerne seine erlegte Beute teilt. Es zeichnet sich aber zunehmend ab, dass immer mehr Supermärkte und Fischhändler verschiedene Wildfleischarten verkaufen. Dazu gibt es ein paar Grundregeln, die Sie beachten sollten, wenn Sie für ein leckeres Wildgericht einkaufen.

WILDVÖGEL

Wildvögel sollten Sie immer ganz und frisch kaufen. Viele Händler bevorzugen es, die Vögel zu häuten. Für sie geht das schnell und leicht. Für denjenigen, der die Vögel zubereiten möchte, ist das aber ungünstig, da das Fleisch mit großer Wahrscheinlichkeit trocken wird. Die dünne Haut hält die Säfte im Fleisch und trägt einen Hauch Fett bei, der dem Gericht zusätzlich Geschmack verleiht.

Kaufen Sie immer Wildvögel ohne Innereien, da man leider nicht immer wissen kann, wie lange sie mit den Innereien gelagert wurden. Wildinnereien müssen immer sehr frisch sein, damit man sie verwenden kann.

Die Haut der Vögel sollte außerdem trocken sein, und man sollte sich vergewissern, dass sich in den wichtigen Fleischstücken wie Brust oder Schenkel keine Einschusslöcher oder Schrot befinden, die die Qualität mindern.

Die Vögel sollten frisch und süßlich riechen, nicht kräftig oder herb.

HAARWILD

Haarwild wird in der Regel aufgrund der Größe in grobe Stücke zerwirkt, Hasen und Kaninchen werden aber meist ganz verkauft.

Das Wild sollte beim Kauf gehäutet sein, die Fleischteile eine trockene und matte Oberfläche haben sowie einen süßlichen »Fleischgeruch« aufweisen. Sieht das Fleisch »feucht und glänzend« aus, war es wahrscheinlich eingefroren und ist nicht frisch geschlachtet.

Suchen Sie sich Fleischteile aus, die nicht durch Einschlusslöcher gezeichnet sind, denn hier ist nicht nur das Fleisch zerstört, oft findet man in ihnen auch Knochensplitter. Außerdem können innere Fleischteile durch Knochenstümpfe und Blutansammlungen beschädigt worden und damit unbrauchbar sein.

Vertrauen Sie Ihrem Wildhändler. Wenn möglich, kaufen Sie Fleisch, das nicht abgepackt wurde. Das zeugt von Frische. Bei abgepacktem Fleisch sollten Sie darauf achten, dass sich in der Verpackung nur wenig Blut und Flüssigkeit befinden. Sonst hat das Fleisch zu lange gelegen.

FLEISCHTEILE

Man kann feststellen, dass die meisten Menschen bei Vögeln das Brustfleisch und bei Tieren mit Fell Lenden oder Filets bevorzugen.

Ich finde, das ganze Tier verdient, auf bestmögliche Weise verwendet zu werden. Bereiten Sie zum Beispiel ein leichtes Tatar zu anstelle des klassischen Hirschbratens oder der Rehlende. Davon profitieren Sie gleich doppelt: Dieses »feine« Stück Fleisch können auf diese Weise mehr Münder probieren, und das Fleisch gewinnt dadurch, dass es roh serviert wird.

Nacken, Haxen, Blätter, Brust, Keulen usw. können viele Mägen füllen und wirklich zeigen, wie viel Temperament nach einem langen Aufenthalt im Topf im Wildgeschmack liegt.

Die vierbeinigen, haarigen Tiere werden normalerweise in folgende Teile zerwirkt:

Hals/Nacken:	geschmort, Hackfleischgerichte
Brust:	Hackfleischgerichte etc.
Blatt:	geschmort, im Schmortopf gebraten, gekocht
Rücken/Kammstück:	roh, auf dem Grill, in der Pfanne oder im Ofen gebraten, gedämpft, pochiert
Lende:	roh, in der Pfanne gebraten, pochiert
Keule:	ganz zubereitet, z. B. gebraten, oder in kleinere Teile zerlegt
Schwanzstück:	am Stück gebraten
Oberschale:	in kleine Stücke portioniert, als Ragout etc.
Unterschale:	Tatar, ganz gebraten
Nuss:	Hackfleischgerichte
Falsche Lende:	roh, getrocknet, eingelegt, in der Pfanne gebraten
Haxe:	geschmort, gekocht

INNEREIEN

Herz:	geschmort, sautiert, als Ragout etc.
Leber:	gebraten, gehackt
Zunge:	gekocht
Blut:	zum Abbinden von Saucen

WILD MIT FEDERN

Allen Wildvögeln ist gemein, dass man sich die Zeit nehmen sollte, sie zu rupfen, bevor man sie häutet.

Die Haut auf der Brust sollte man belassen, da sie den Saft im Fleisch hält und man vermeidet, dass das Fleisch bei der Zubereitung zu sehr austrocknet.

Kleine Vögel bereitet man üblicherweise im Ganzen zu. Größere Vögel werden in folgende Teile zerlegt:

Brustfleisch:	Es eignen sich alle Zubereitungsarten, allerdings keine Tatargerichte, da das Fleisch besser nicht roh gegessen werden sollte.
Flügel:	gebraten, gegrillt
Schenkel:	gebraten, geschmort, im Schmortopf gebraten, gekocht, gedämpft
Hals:	Hackfleischzubereitung (besonders der Hals der Graugans)

INNEREIEN

Herz:	kurz gebraten, gehackt, als Geschmacksträger in Saucen
Leber:	in Terrinen, gebraten, als Geschmacksträger in Saucen

SCHALENWILD ZERWIRKEN

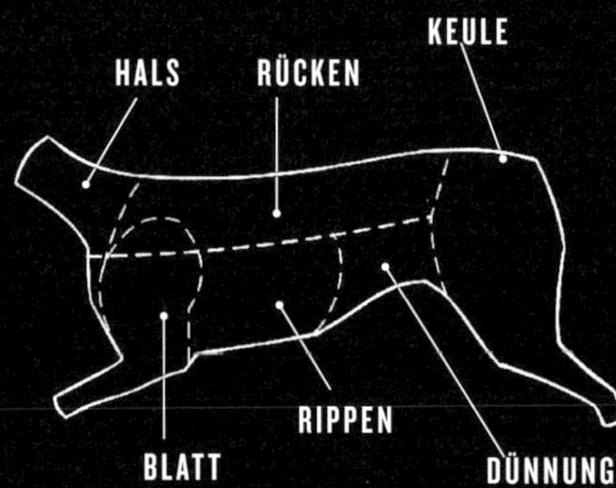

Während das Tier hängt: Die Vorderbeine umfassen und die Blätter in Richtung Rücken biegen, dann die Blätter entlang der Brust / des Brustbeins freischneiden. Die Dünnung von der Rippe bis zur Keule entfernen. Mit einem Messer den Schnitt markieren und die Rippen ganz bis zum Hals aufsägen. Den Schnitt so platzieren, dass unter dem Rücken ein paar Zentimeter der Rippenknochen stehen bleiben. Das Tier auf den Tisch legen, dann die Keulen entgegengesetzt auseinanderdrücken und vom Rückenstück abtrennen. Ins Hüftgelenk schneiden und die Gelenkkugel aus der Schale drehen. Den Hals vom Rücken abtrennen. Den Rücken ggf. in zwei Teile schneiden.

WILDGEFLÜGEL ZERWIRKEN

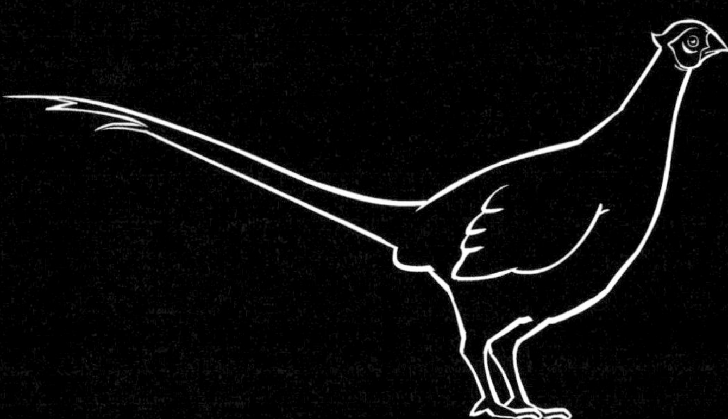

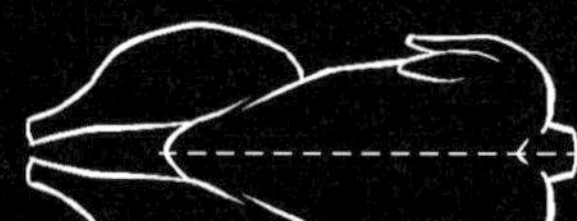

Den Vogel mit einem sehr scharfen Messer längs mitten durch Brust und Rücken halbieren.

Dann mit einem schrägen Schnitt zwischen Brust und Schenkel vierteln. Größere Vögel, zum Beispiel Fasane, können in 6–8 Stücke zerteilt werden. Die Brust schräg durchschneiden und Ober- und Unterschenkel am Gelenk trennen.

GARMETHODEN

SCHMOREN
BLÄTTER, BRUST, GEFLÜGELSCHENKEL, NACKEN, HAXEN

Das Schmoren ist eine meiner absoluten Lieblingszubereitungsarten. Diese Methode eignet sich besonders gut für die großen, groben, unhandlichen und nicht immer zarten Abschnitte. Ist man auf kräftigen Geschmack, Saft und zartes Fleisch aus, eignet sich das Schmoren am besten. Noch dazu ist es ganz leicht.

Die Methode basiert darauf, dass man das Fleisch bei starker Temperatur anbrät. Danach gießt man Flüssigkeit an (Wasser, Brühe, Wein, Bier, Most, Saft etc.), bedeckt das Fleisch mit einem Deckel und reduziert die Temperatur.

Man kann das Fleisch auch gut für einige Stunden im Ofen schmoren, währenddessen wird es mehrfach gewendet oder mit Flüssigkeit begossen.

IN DER PFANNE BRATEN
GEFLÜGELBRUST OHNE KNOCHEN, KEULEN IN EINZELTEILEN, LENDEN, RÜCKEN

Das Pfannenbraten ist eine schnelle und einfache Zubereitung der reinen Fleischstücke, das heißt des Brustfleischs von Geflügel und der Rückenstücke von den vierbeinigen Wildarten.

Achten Sie darauf, dass die Pfanne groß genug ist. Oft neigt man dazu, viel zu kleine Pfannen zu benutzen. Da es hier ums Braten geht und um den Geschmack von gebratenem Fleisch, achten Sie außerdem darauf, dass die Pfanne richtig heiß ist, bevor Sie das Fleisch einlegen, damit es in der Pfanne nicht gekocht wird. Das Fleisch vor, während und ebenso nach dem Braten würzen.

IM SCHMORTOPF BRATEN
ZERLEGTE REHKEULEN IN EINZELTEILEN, GEFLÜGELBRUST AM KNOCHEN, GEFLÜGELSCHENKEL

Wie die Überschrift vermuten lässt, wird für diese Zubereitungsart ein Schmortopf benötigt.

Das Fleisch gut mit Salz, Pfeffer, Gewürzen oder Kräutern würzen und in einer Pfanne mit etwas Fett gut anbraten. Anschließend das Fleisch in den Schmortopf legen, den Deckel aufsetzen und den Topf in den auf 180 °C vorgeheizten Ofen geben, bis das Fleisch weich ist.

Beim Braten im Schmortopf wird das Fleisch gebraten, bleibt gleichzeitig aber saftig, da der Deckel die Feuchtigkeit im Topf hält. Die Feuchtigkeit sammelt sich während des Bratvorganges am Topfboden und bildet damit eine exzellente Grundlage für einen Fleischsud.

IM TOPF BRATEN
BLÄTTER, BRUST, GANZE VÖGEL MIT KNOCHEN, KEULEN, NACKEN, HAXEN

Die Vorgehensweise beim Braten im Topf ist dieselbe wie im Schmortopf, nur ohne Deckel. Dadurch erhält man eine Bratenkruste, eine knusprige Schwarte, bei Geflügel eine knusprige Haut.

IM OFEN BRATEN
GANZE KEULEN, GANZE VÖGEL, KAMMSTÜCKE, RÜCKEN

TRADITIONELLES OFENGAREN

Den Ofen auf 220 °C vorheizen. Das Fleisch mit den gewünschten Gewürzen einreiben, auf einen Rost über einem Backblech legen und im Ofen 10–15 Minuten anbraten. Danach die Temperatur reduzieren und das Fleisch weitergaren, bis es die gewünschte Kerntemperatur hat. Den fertigen Braten vor dem Servieren mindestens 15 Minuten ruhen lassen.

INTERVALLGAREN

Das Intervallgaren eignet sich am besten für sehr große Braten, die eine lange Garzeit benötigen. Der Braten wird alle 15 Minuten aus dem Ofen genommen, damit er ruhen kann.

Den Ofen auf 180 °C vorheizen. Den Braten in den Ofen stellen und 15 Minuten braten. Dann herausnehmen und 10 Minuten ruhen lassen. Den Braten wenden und für weitere 15 Minuten in den Ofen stellen, danach wieder herausnehmen und 10 Minuten ruhen lassen. Weiter so verfahren, bis der Braten die richtige Kerntemperatur hat.

Diese Zubereitungsart liefert ein besonders schönes Bratenergebnis, ist aber sehr zeitaufwendig.

NIEDRIGTEMPERATURGAREN

Den Ofen auf 220 °C vorheizen. Das Fleisch auf einen Rost über ein Backblech legen und im Ofen 10–15 Minuten braten. Danach die Temperatur auf 120 °C reduzieren. Das Fleisch anschließend 2–4 Stunden braten, bis es gar ist.

Mit dieser Zubereitungsart erhalten Sie ein sehr mürbes, saftiges, rosa gebratenes Fleisch.

GRILLEN
REHRÜCKEN, GEFLÜGELBRUST OHNE KNOCHEN, GANZE TIERE, LENDEN

Nehmen Sie eine sehr trockene und am besten aromatische Kohle und warten Sie ab, bis die Flammen sich gelegt haben und eine schöne Glut vorhanden ist.

Das Fleisch mit einer Marinade einreiben. Größere Fleischstücke oder ganze Tiere am besten durchschneiden und auf einen Bratspieß stecken, damit sie über offenem Feuer gedreht werden können. Man sollte außerdem darauf achten, dass der Grill gut vor Wind geschützt ist, da die Temperatur sonst zu sehr fällt und man schlechtere Ergebnisse bekommt.

POCHIEREN
FASAN, KANINCHEN, KLEINE VÖGEL

Diese Zubereitungsart eignet sich gut für mageres Fleisch, das auf diese Weise schön saftig und mürbe wird.

Beim Pochieren wird das Fleisch in einer Flüssigkeit, zum Beispiel Brühe, Saft, Most oder Tee, bis kurz unter den Siedepunkt erhitzt. Die Flüssigkeit darf an den Fleischrändern nur leicht perlen, sie soll nicht sprudelnd kochen. Das Fleisch nach Geschmack würzen, bevor Sie es in die Flüssigkeit geben.

DÄMPFEN
REBHUHN, FASAN, KANINCHEN, KRICKENTE

Das Stück Fleisch nach Geschmack würzen. Flüssigkeit in einen Topf füllen, einen Rost über die Flüssigkeit stellen und das Fleisch auf den Rost legen. Dann den Topf abdecken, die Flüssigkeit zum Kochen bringen und das Fleisch durch den Dampf garen lassen.

Als Flüssigkeit eignet sich Wasser, aber versuchen Sie es doch auch einmal mit Tee, Brühe oder Gemüsesaft.

KOCHEN IN WASSER, BRÜHE ODER FETT
HAXEN, BLÄTTER

Das Fleisch gut mit Salz und Gewürzen einreiben, am besten bereits am Vortag. Nochmals in Gewürzen oder Kräutern wenden und in einer kochenden Flüssigkeit mürbe kochen. Sie können Wasser oder Brühe verwenden; ich persönlich ziehe geschmolzenes Entenfett vor.

FLAMBIEREN

Flambieren ist eigentlich keine Garmethode, sondern ein Prozess. Dieser wird dadurch ausgelöst, dass man etwas in Fett brät, danach mit Alkohol begießt und sofort anzündet. Achtung, dabei entstehen manchmal sehr hohe Flammen! Je höher der Alkoholgehalt in der Flüssigkeit, desto größer die Flammen.

Das Verbrennen des Alkohols wirkt auf das Aroma. Calvados und Cognac beispielsweise erhalten dadurch einen weicheren und milderen Geschmack und übertragen diesen auf das Gericht. Wenn die Flammen erlöschen, ist der Flambierprozess abgeschlossen.

GARPUNKTTABELLE

	rot	medium/rosa	durchgebraten
ROTHIRSCH/DAMWILD/REH/REHBOCK			
Blatt/Hals/Brust	60 °C	63 °C	70 °C
Filet/Lende	52 °C	54 °C	–
Keule	54 °C	56 °C	62 °C
Haxe	–	85 °C	88 °C
HASE			
Blatt/Brust	60 °C	63 °C	70 °C
Keule	54 °C	56 °C	62 °C
Rücken	52 °C	54 °C	–
KANINCHEN			
Blatt/Brust	–	68 °C	85 °C
Keule	–	66 °C	80 °C
Rücken	60 °C	65 °C	80 °C
WILDSCHWEIN			
Blatt/Hals/Brust	65 °C	70 °C	88 °C
Keule	60 °C	65 °C	84 °C
Rücken	60 °C	64 °C	–
Haxe	–	85 °C	88 °C
FEDERWILD			
Rebhuhn	–	57 °C	60 °C
Taube	52 °C	54 °C	60 °C
Fasan	–	57 °C	60 °C
Graugans	52 °C	54 °C	60 °C
Gans	–	55 °C	60 °C
Krickente	52 °C	54 °C	60 °C
Schnepfe	52 °C	54 °C	60 °C

Kerntemperatur, gemessen mit einem Fleischthermometer nach dem Braten.

TIPPS & TRICKS

Hier sind ein paar Ratschläge, die Sie befolgen sollten, wenn Sie mit den Rezepten ein gutes Kochergebnis erzielen möchten:

PUNKT 1

Lesen Sie das Rezept vorher durch.
Prüfen Sie, welche Zutaten im Rezept enthalten sind, und lesen Sie die Zubereitungshinweise durch. Verschaffen Sie sich einen Überblick und versuchen Sie sich vorzustellen, wie das Ergebnis aussehen soll.

PUNKT 2

Achten Sie auf die Zutaten.
Ein gutes Ergebnis hängt nicht nur von Ihren Kochfertigkeiten ab, sondern genauso sehr von guten Zutaten. Kaufen Sie saisonale Ware, sie schmeckt einfach besser.

PUNKT 3

Küchenhygiene
Eine saubere Küche reduziert Stress und Frustration vor, während und nach dem Kochen. Waschen Sie zwischendurch das Geschirr ab und achten Sie darauf, dass Ihre Arbeitsplatte aufgeräumt ist, damit Sie genug Platz für die Zubereitung haben.

PUNKT 4

Abschmecken
Beim Kochen kann man nicht genug abschmecken. Probieren Sie also immer wieder und passen Sie den Geschmack an, um ein ausgewogenes Verhältnis von Salz, Säure und Süße zu erhalten.

PUNKT 5

Servieren
Die Bilder im Buch sollen nur als Inspiration dienen, wie die Gerichte serviert werden können. Natürlich können Sie die Gerichte ganz so anrichten, wie es Ihnen gefällt.

PUNKT 6

Handwerkszeug
Kein Backofen verhält sich wie der andere. Lernen Sie Ihre Geräte kennen und beachten Sie, dass die Zeitangaben in den Rezepten nur Richtwerte sind.

PUNKT 7

Seien Sie fröhlich, positiv und neugierig, wenn Sie die Schürze anlegen.
Die richtige Einstellung und gute Laune erzielen noch immer das beste Ergebnis.

PUNKT 8

Die Rezepte sind für vier Personen berechnet, wenn nichts anderes angegeben ist.

HAARWILD

DAMWILD
FELDHASE
REHWILD
ROTWILD
WILDKANINCHEN
WILDSCHWEIN

GRILLSPIESS MIT ROTHIRSCH

ZUTATEN

1 kg Filet oder weißes Scherzel vom Rothirsch
8 Wacholderbeeren, zerstoßen
Salz
frisch gemahlener Pfeffer
8 Zweige Rosmarin, Blätter fein gehackt
2 EL Olivenöl
1 Hokkaidokürbis
1 großer Apfel
1 große Birne
1 Zweig Rosmarin zum Dekorieren

BEILAGE
Salat

Das Fleisch von Fett und Sehnen befreien, sodass es möglichst schier ist. In 4 x 4 cm große Stücke schneiden (zwei bis drei Stücke pro Spieß). Die zerstoßenen Wacholderbeeren, Salz, Pfeffer, fein gehackten Rosmarin und das Olivenöl zu einer Marinade verrühren. Ein wenig davon für Gemüse und Obst aufbewahren. Das Fleisch in der Marinade einlegen und 1 Stunde im Kühlschrank ziehen lassen.

In der Zwischenzeit den Kürbis waschen und in 4 x 2 cm große Stücke schneiden. Apfel und Birne waschen, vierteln und die Kerngehäuse entfernen. Obst und Gemüse mindestens 1 Stunde vor der Zubereitung in der restlichen Marinade einlegen.

Nacheinander alle Zutaten auf Grillspieße aufziehen und auf einem heißen Grill braten, bis die gewünschte Bräunung erreicht ist.

SERVIEREN

Auf Tellern anrichten und mit etwas Rosmarin dekorieren. Mit einem der Salate aus diesem Buch servieren, zum Beispiel dem Rote-Bete-Salat mit säuerlichen Rosinen und roten Trauben (siehe Seite 127).

GESCHMORTER ROTHIRSCH MIT GERÄUCHERTEM MALTWHISKY & DUNKLER SCHOKOLADE

ZUTATEN

1–2 kg Rothirschfleisch ohne Knochen, zum Beispiel Blatt, Nacken oder Haxe
Salz
frisch gemahlener Pfeffer
Olivenöl
100 ml geräucherter Maltwhisky
100 ml trockener kräftiger Rotwein
2 EL dunkler Balsamicoessig
100 ml kräftiger Wildfond (siehe Seite 187)
50 g dunkle Schokolade (100 % Kakaoanteil), fein gehackt
50 g kalte Butter, in kleinen Würfeln
etwas Zitronensaft (optional)

ZUM BESTREUEN

20 Perlzwiebeln
100 g geräucherter Bacon

SELLERIEPÜREE

2 Knollen Sellerie
1 l Milch
50 g Crème fraîche (mind. 30 % Fettgehalt)
100 g braune Butter (siehe Seite 185)
Salz
frisch gemahlener Pfeffer

Das Rothirschfleisch in etwa 2 x 2 cm große Würfel schneiden und gut mit Salz und Pfeffer würzen. Das Öl in einen sehr heißen Topf gießen, die Fleischwürfel dazugeben und von allen Seiten goldgelb anbraten. Den Whisky darübergießen und flambieren (siehe Seite 13). Dann den Rotwein zugeben und vollständig einkochen lassen. Balsamicoessig und Wildfond angießen. Kurz aufkochen, dann die Temperatur reduzieren und das Fleisch abgedeckt etwa 1 Stunde kochen lassen. Den Topf vom Herd nehmen und Schokolade sowie Butterwürfel mit einem Schneebesen unter die Sauce rühren.
Die Sauce mit Salz, Pfeffer und nach Belieben mit einem Hauch Zitronensaft abschmecken.

ZUM BESTREUEN

Die Perlzwiebeln schälen und in einem Topf mit leicht gesalzenem, kochendem Wasser dünsten. Den Bacon in Streifen schneiden und in einer trockenen Pfanne goldbraun braten. Bacon und Perlzwiebeln erst kurz vor dem Servieren vermischen.

SELLERIEPÜREE

Den Sellerie schälen und vierteln. Die Stücke in einen Topf geben und die Milch angießen. Wenn der Sellerie nicht vollständig von der Milch bedeckt ist, etwas Wasser hinzufügen. Den Sellerie etwa 20 Minuten weich kochen, dann die Milch abgießen. Den Sellerie durch ein Sieb passieren und Crème fraîche sowie die gebräunte Butter zugeben. Mit reichlich Salz und Pfeffer abschmecken.

SERVIEREN

Das Ragout in tiefen Tellern anrichten. Erst kurz vor dem Servieren Perlzwiebeln und Bacon aufstreuen und das Selleriepüree als Beilage danebensetzen.

DAMHIRSCHHAXE MIT BRATÄPFELN, BACKPFLAUMEN, ROSMARIN & MANDELN

ZUTATEN

4 Haxen vom Damhirsch
Olivenöl
1 Flasche Rotwein (etwa 750 ml)
1 Flasche Portwein (etwa 750 ml)
1 l Wildfond (siehe Seite 187)
2 EL kleine Rosinen
2 Schalotten, klein geschnitten
1 EL rosa Pfefferbeeren
1 EL Wacholderbeeren, zerstoßen
4 Zweige Rosmarin, Blätter fein gehackt
etwas Zitronensaft
Salz
frisch gemahlener Pfeffer
1 Zweig Rosmarin zum Dekorieren

BRATÄPFEL
4 rote Äpfel
100 g Backpflaumen ohne Stein
200 ml Portwein
50 g ganze geschälte Mandeln
1 Zweig Rosmarin, Blätter fein gehackt
100 g Butter + etwas zusätzlich zum Einfetten
Salz
frisch gemahlener Pfeffer

Sichtbare Sehnen mit einem spitzen und scharfen Messer aus dem Fleisch entfernen. Gegebenenfalls den Haxenknochen vor der Zubereitung mit einem Messer sauber schaben – das trägt zwar nicht zum Geschmack bei, sieht aber festlicher aus. Die Haxen in Öl in einem Topf gut anbraten, bis sie gleichmäßig goldbraun sind. Dann das Fleisch aus dem Topf nehmen und Rotwein und Portwein hineingießen. Die Flüssigkeit auf die Hälfte einkochen, dann den Wildfond zugeben, aufkochen und abschäumen. Den Ofen auf 180 °C vorheizen. Die Haxen zurück in den Topf legen, den Topf mit dem Deckel schließen und das Ganze für 2 Stunden in den Ofen geben.

Alle 30 Minuten den Topf aus dem Ofen nehmen und die Haxen einmal wenden. Nach der Garzeit die Haxen aus dem Topf heben, in Alufolie wickeln und an einem warmen Ort ruhen lassen. Die Flüssigkeit bis auf ½ Liter einkochen lassen. Anschließend Rosinen, Schalotten, Gewürze sowie Rosmarin zugeben. Mit Zitronensaft, Salz und Pfeffer abschmecken. Vor dem Servieren die Haxen zurück in die eingekochte Sauce legen.

BRATÄPFEL

Die Äpfel waschen, längs halbieren und die Kerngehäuse entfernen. Die Backpflaumen in Portwein etwa 4 Minuten weich kochen. Pflaumen und Mandeln anschließend grob hacken und mit dem Rosmarin mischen. Einige Mandeln zur Dekoration zur Seite stellen. Den Ofen auf 180 °C vorheizen. Die Pflaumenmischung in die Aushöhlungen der Äpfel füllen und einen Klecks Butter daraufsetzen. Die Äpfel in eine gefettete feuerfeste Form legen und mit Salz und Pfeffer würzen. Im vorgeheizten Ofen etwa 15–20 Minuten backen, bis sie goldbraun und weich sind.

SERVIEREN

Servieren Sie die Haxen rustikal auf einem Schneidebrett mit den Bratäpfeln als Beilage. Die Mandeln aufstreuen. Beides mit etwas frischem Rosmarin dekorieren.

GANZE DAMHIRSCHKEULE MIT WILDBUTTER, KARTOFFELN, WACHOLDERBEEREN & MUSKAT

ZUTATEN

1 Keule vom Damhirsch (etwa 3 kg)
20 g weiche Butter
5 Zweige Rosmarin
10 Wacholderbeeren, zerstoßen
Salz
frisch gemahlener Pfeffer
1 Zweig Rosmarin zum Dekorieren

ROSEVAL-KARTOFFELN

12–20 Roseval-Kartoffeln
Olivenöl
Salz
frisch gemahlener Pfeffer
2 Knollen Knoblauch
Butter zum Einfetten
1 Zweig Rosmarin zum Dekorieren
1 Zweig Thymian zum Dekorieren

WILDBUTTERR

250 weiche Butter
1 Muskatnuss, frisch gerieben
8 Wacholderbeeren, zerstoßen
Abrieb und Saft von 1 unbehandelten Zitrone
1 TL Rauchsalz
frisch gemahlener Pfeffer

Den Ofen auf 200 °C vorheizen. Die Hirschkeule vorsichtig säubern. Dazu die dünne Haut, die sich über die ganze Keule zieht, ablösen. Die Keule mit Butter einreiben und gut mit den Kräutern und Gewürzen bestreuen. Dann die Keule auf einen Rost mit einer Tropfschale darunter legen und etwa 10 Minuten im heißen Ofen braten. Anschließend die Temperatur auf 120 °C reduzieren und die Keule noch 1½ Stunden garen, bis die Kerntemperatur 50 °C beträgt. Den Braten herausnehmen und vor dem Aufschneiden etwa 30 Minuten ruhen lassen.

ROSEVAL-KARTOFFELN

Die Ofentemperatur wieder auf 160 °C erhöhen. Die Kartoffeln gründlich waschen und mit einem scharfen Messer mehrfach bis zur Mitte einschneiden. Danach die Kartoffeln in Olivenöl, Salz und Pfeffer wälzen. Die Knoblauchknollen in Zehen zerteilen und diese pellen. Kartoffeln und Knoblauch in eine gefettete feuerfeste Form geben. Bei 160 °C für 30–40 Minuten in den Ofen geben, bis die Kartoffeln weich und goldgelb sind.

WILDBUTTER

Die weiche Butter mit Muskatnuss, Wacholderbeeren, Zitronenschale, Zitronensaft, Rauchsalz und Pfeffer vermengen. Zu einer Rolle formen, in Frischhaltefolie wickeln und kalt stellen.

SERVIEREN

Die Keule mit Rosmarin dekorieren. Die Kartoffeln und die Wildbutter separat dazu servieren.

DAS LEBEN KOSTET LEBEN

An einem frühen Morgen im Mai wurde ich von einer Nachricht meines guten Freundes Benjamin geweckt, der trotz seines jungen Alters ein recht tüchtiger und begabter Jäger ist.

Benjamin lag gerade, gut versteckt in seiner Tarnjacke, in einem der größeren Wälder auf der Lauer. Und hatte einen Rehbock ins Visier genommen.

Die Nachricht lautete: »Wie wäre es heute Abend mit einem Rehbock auf der Speisekarte?«
LG B

Am Abend kam Benjamin stolz mit seiner Beute, einem bereits gehäuteten Rehbock, ins Restaurant. Andächtig hängten wir diesen im Kühlhaus auf und danach himmelten wir ihn eine Woche erwartungsvoll an, bevor es endlich Zeit war, ihn in feine Stücke zu zerlegen.

Leider musste dieser Rehbock eines frühen Morgens sein Leben lassen. Aber es ist ein sehr schönes Geschenk des Waldes an uns, die wir nun den Geschmack der echten »wilden« Natur erfahren dürfen. Daher gehen wir mit Respekt, Hingabe und Ernsthaftigkeit zu Werke, wenn wir dieses prächtige Stück Natur für unsere neugierigen Mägen und die unserer zukünftigen Gäste zubereiten. Denn heute steht Rehbock auf der Speisekarte.

Reh- und Federwild hat mich schon immer fasziniert. Versuchen Sie einmal, das Wort »Wild« mit der Bedeutung zu schmecken, die es ursprünglich hat – wild!

Ein Tier, das es geschafft hat, in der wilden Natur zurechtzukommen. Hier gibt es keine festen Muster. Ist der Winter hart, ist es für das Wild besonders schwer zu überleben. Ist der Winter mild, hat es das Wild vielleicht besser, muss aber immer noch zurechtkommen, Futter besorgen und sich dabei schützen, immer auf der Hut vor natürlichen Feinden und vor den Jägern.

REHBOCK »À LA MINUTE« MIT SKANDINAVISCHEN GEWÜRZEN & RAUCHAROMEN

ZUTATEN

1 ganzer Rücken vom Rehbock oder 2 Filets aus dem Rücken
Salz
frisch gemahlener Pfeffer
1 EL Olivenöl
1 EL Wacholderbeeren, zerstoßen
½ EL schwarze Pfefferkörner, zerstoßen
½ Muskatnuss, frisch gerieben
1 EL Rauchsalz
400 ml kräftige Rotweinsauce (siehe Seite 180)

BEILAGEN
4 kleine Frühlingszwiebeln
4 kleine Stangen Rhabarber
100 g braune Butter (siehe Seite 185)
1 Bund Dill
2 EL Rapsöl
Salz
frisch gemahlener Pfeffer

Das Fleisch von Knochen und Sehnen befreien, sodass nur die schieren Filets übrig bleiben. Die Filets in passende Portionen teilen und gut mit Salz und Pfeffer würzen. Das Öl in eine heiße Pfanne geben und das Fleisch bei mittlerer Temperatur etwa 4–5 Minuten von jeder Seite braten, bis es medium oder rosa ist. Dann aus der Pfanne nehmen und 4 Minuten ruhen lassen. Alle Gewürze mischen und das Fleisch darin wälzen.

BEILAGEN

Die Zwiebeln schälen. Drei der Zwiebeln halbieren und in »Zwiebelschiffchen« zerteilen. Den Rhabarber waschen und drei der Rhabarberstangen in 2 cm große Stücke schneiden. Die Zwiebelschiffchen mit den Rhabarberstücken in gebräunter Butter garen, bis sie weich sind. Dann Zwiebeln und Rhabarber herausnehmen und auf Küchenkrepp abtropfen lassen.

Die vierte Zwiebel und die restliche Rhabarberstange schräg in ganz dünne Scheiben schneiden. Die Scheiben etwa 1 Stunde in Eiswasser legen. Dies bewirkt, dass sich das Gemüse schön kräuselt und seine spröde Konsistenz behält.

Den Dill zupfen und zusammen mit Öl, Salz und Pfeffer eine Marinade herstellen. Die Gemüsescheiben vor dem Anrichten darin einlegen.

SERVIEREN

Das Fleisch mit den Beilagen auf Tellern anrichten. Etwas kräftige Rotweinsauce angießen. Eventuell neue Kartoffeln mit Rauchsalz und Zitronenbutter (siehe Seite 116) dazu servieren.

REHBOCK MIT KIRSCHEN, ROTER BETE & SÜSSHOLZ

ZUTATEN

1 kleine Handvoll frische Kräuter, z. B. Thymian, Rosmarin und Salbei
4 Stücke Süßholzwurzel
2 EL Akazienhonig
200 ml Balsamicoessig
Salz
frisch gemahlener Pfeffer
1 Keule vom Rehbock
16 kleine neue Rote Beten mit Strunkansatz
8 rote Zwiebeln
30 Kirschen
50 schwarze Oliven
rote Kresse zum Dekorieren

Die Kräuter fein hacken und zwei der Süßholzwurzelstücke auf einer Raspel fein reiben. Aus Honig, Balsamicoessig, Kräutern, Süßholz, Salz und Pfeffer eine Marinade herstellen. Die Keule in der Marinade wenden und mindestens 8 Stunden darin ziehen lassen. Die Keule, wenn möglich, am Vortag marinieren.

Den Ofen auf 180 °C vorheizen. Die Keule in eine feuerfeste Form legen und im heißen Ofen etwa 4–5 Minuten garen. In der Zwischenzeit die Rote Beten putzen, die roten Zwiebeln schälen und halbieren, die restlichen Süßholzwurzeln in kleinere Stücke brechen.

Nach 10–15 Minuten Garzeit des Fleisches Rote Beten, rote Zwiebeln, Süßholz, Kirschen und schwarze Oliven mischen, in den Topf geben und um den Braten herum anhäufen. Weitere 30 Minuten garen, dann die Form herausnehmen und den Braten mindestens 10 Minuten ruhen lassen.

SERVIEREN

Den Braten im Ganzen anrichten, dann in Scheiben schneiden und zusammen mit dem Gemüse und mit etwas roter Kresse bestreut servieren.

REHBOCKBLATT MIT GRÜNEM SPARGEL, SAUERAMPFER & DILL

ZUTATEN

- 2–3 kg Blatt, Haxe oder Brust vom Rehbock, am Knochen
- Salz
- frisch gemahlener Pfeffer
- Olivenöl
- 100 ml Balsamicoessig
- 200 ml Rotwein
- 200 ml Portwein
- 8–12 dicke Stangen grüner Spargel
- 12 Stangen Wildspargel (optional)
- 8 Blätter Sauerampfer
- 2 Zweige Dill
- 200 ml Wildfond (siehe Seite 187)
- einige Frühlingszwiebelringe zum Dekorieren

Das Fleisch gut mit Salz und Pfeffer würzen. Olivenöl in einem Bräter mit dickem Boden, der groß genug ist, dass zwei Blätter darin liegen können, erhitzen. Das Fleisch von beiden Seiten etwa 8–10 Minuten kräftig anbraten. Dann den Balsamicoessig angießen und auf die Hälfte einkochen lassen. Anschließend Rotwein und Portwein zugeben und erneut um die Hälfte reduzieren lassen, das Fleisch liegt dabei immer noch im Topf. Dann abgedeckt bei niedriger Temperatur etwa 2 Stunden köcheln lassen, bis es weich ist.

In der Zwischenzeit den grünen Spargel waschen und schälen, dann in leicht gesalzenem Wasser gar kochen. Den wilden grünen Spargel sowie den Sauerampfer waschen, den Dill zupfen.

Das Fleisch, sobald es weich ist, mit reichlich Salz und Pfeffer abschmecken. Dann die Blätter aus dem Topf nehmen und das Fleisch von den Knochen lösen.

SERVIEREN

Das Gericht mit Wildfond servieren. Mit Sauerampferblättern, Dill und Spargel anrichten und mit einigen Frühlingszwiebelringen dekorieren.

LEICHT GERÄUCHERTES REHBOCKFILET MIT GLASIERTEM SPARGEL & FRISCHEN KRÄUTERN

ZUTATEN

1 Filet vom Rehbock (etwa 200 g)
Salz
frisch gemahlener Pfeffer
200 g Buchenspäne zum Räuchern
1 Zweig Rosmarin zum Dekorieren

1 Tischräucherofen (erhältlich in Jagdgeschäften, er wird auch häufig von Hobbyanglern verwendet)

BEILAGE
12 Stangen weißer Spargel
Salz
100 ml weißer Balsamicoessig
Kräuter nach Geschmack, beispielsweise:
glatte Petersilie
Liebstöckel
Schnittlauch
Dill
Kerbel
Brunnenkresse
2 EL Olivenöl
frisch gemahlener Pfeffer

Das Filet von Fett und Sehnen befreien, sodass man ein schieres Fleischstück erhält. Dann mit Salz und Pfeffer würzen. Im Räucherofen eine etwa 1 cm hohe, gleichmäßige Schicht aus Buchenspänen anzünden. Das Fleisch auf den Rost legen, sobald die Buchenspäne rauchen, und den Deckel des Ofens schließen. Das Fleischstück im Ofen räuchern, bis die Buchenspäne ausgebrannt sind und der Rauch sich gelegt hat. Den Deckel des Ofens öffnen und das Fleisch herausnehmen. Mindestens 5 Minuten ruhen lassen.

BEILAGE

Den Spargel mit einem Sparschäler schälen und die holzigen Enden abschneiden, anschließend in leicht gesalzenem Wasser je nach Dicke 4–6 Minuten bissfest kochen. Aus dem Topf nehmen und direkt in eine heiße Pfanne ohne Fett geben. Sofort den Balsamicoessig über den Spargel gießen. Die Pfanne in Bewegung halten, sodass die Spargelstangen in der Pfanne umherrollen, während sie durch den Essig glasiert werden, bis dieser komplett verkocht ist. Dieser Prozess dauert etwa 1–2 Minuten. Die Kräuterblätter von den Stängeln zupfen und in Olivenöl wenden, außerdem mit Salz und Pfeffer würzen.
Die Kräutermischung unter den Spargel heben.

SERVIEREN

Das Fleisch entweder im Ganzen servieren oder in dünne Scheiben schneiden. Mit dem Kräuterspargel anrichten und etwas frischen Rosmarin darüberstreuen.

Shot
28
FIBRE

TATAR VOM REHBOCK MIT SOMMERLAUCH & PILZEN

ZUTATEN

TATAR
500 g Filet vom Rehbock
2 EL weißer Balsamicoessig
2–4 EL hochwertiges Olivenöl
Salz
frisch gemahlener Pfeffer

SOMMERLAUCH
4–5 Frühlingszwiebeln oder Stangen vom Sommerlauch
Saft von 1 Zitrone
Salz

PILZE
500 g weiße Champignons
Salz
frisch gemahlener Pfeffer

PILZCOULIS
500 g Wiesenchampignons
Salz
frisch gemahlener Pfeffer
etwas Zitronensaft
1 EL Maisstärke

ZUM GARNIEREN
Bärlauchblüten oder andere Kräuter

ZUM SERVIEREN
geröstetes kräftiges Graubrot

TATAR

Das Filet von den Sehnen befreien und zu einem feinen Tatar schneiden oder hacken. Mit Balsamicoessig, etwas Olivenöl sowie Salz und Pfeffer abschmecken.

SOMMERLAUCH

Die weißen Teile der Zwiebeln waschen und halbieren. Etwas vom grünen Teil in Ringe schneiden und zur Dekoration zur Seite stellen. Die weißen Teile dann zusammen mit Zitronensaft und Salz in einen Topf geben und Wasser angießen, bis die Zwiebeln bedeckt sind. Aufkochen und etwa 2–4 Minuten weich kochen. Eventuell mit einem spitzen Messer testen. Die Zwiebeln nach Belieben in Schiffchen zerteilen. Pro Person werden sieben Schiffchen benötigt.

PILZE

Die weißen Champignons putzen, achteln und anschließend mit Salz und Pfeffer würzen.

PILZCOULIS

Den Ofen auf 80 °C vorheizen. Die Wiesenchampignons putzen und grob hacken. Dann die Pilze in eine feuerfeste Form mit einem dicht abschließenden Deckel geben (eventuell Folie über den Rand legen) und für 8–10 Minuten in den Ofen stellen. Auf diese Weise geben die Pilze ihren natürlichen Sud ab. Die Pilze anschließend über einem Topf abseihen und entsorgen. Den übrig gebliebenen Sud aufkochen und mit Salz und Pfeffer sowie einem Hauch Zitronensaft abschmecken. Mit in etwas Wasser angerührter Maisstärke zu einer leicht sämigen Konsistenz andicken.

SERVIEREN

Das Tatar in vier gleich großen Portionen auf Tellern anrichten, mit den Zwiebelschiffchen garnieren und etwas Pilzcoulis darüberträufeln. Danach die rohen weißen Champignons nach Belieben auf die Teller verteilen. Zum Schluss mit den Bärlauchblüten, den grünen Zwiebelringen und etwas Salz bestreuen. Geröstetes kräftiges Graubrot dazu reichen.

DER HASE IN SÖRENS KRÄUTERBEET

Mein guter Freund und Gemüsehändler Sören wohnt auf einem Bauernhof mitten im trockengelegten Teil des Lammefjords. Schon oft habe ich Geschichten darüber gehört, wie die Familie immer am Frühstückstisch sitzt und über die Felder vor dem Haus schaut. Wenn sie in den frühen Morgenstunden dort sitzen, zählen sie am liebsten, wie viele Hasen den großen Gemüsegarten besuchen. An manchen Tagen ist es nur ein einziger, an anderen Tagen tauchen plötzlich mehrere auf. Sörens Garten ist das reinste Schlaraffenland für Hasen, die die ganz frischen Triebe der Pflanzen lieben. Im Frühjahr die zarten Spargelköpfe, im Herbst die Spitzen der Schwarzwurzeln.

Diese Besuche sind für Sören natürlich sehr frustrierend, deshalb beschloss er eines Tages, einen Jagdschein zu machen. Nicht nur, um sich zu rächen und seine Pflanzen nicht mit den Hasen teilen zu müssen, sondern auch, um die Töpfe fürs Abendessen mit köstlichen Aromen zu füllen. Denn Hase schmeckt einfach fantastisch. Das findet nicht nur Sören. Auch ich bin ein riesiger Fan dieser kleinen Tiere mit dem so großen Geschmack.

Wenn der Hase geschossen ist und gehäutet wurde, sollte er – meiner Meinung nach – an einem kühlen Ort hängen und »reifen«. Je länger er hängt, desto kräftiger wird sein Aroma. Wie lange, das ist wohl eine Frage des Temperaments. Ich finde, sechs bis sieben Tage sind perfekt. Früher ließ man das Fleisch länger reifen. Tatsächlich hängte man das ganze Tier an den Hinterläufen auf und wartete so lange, bis es von selbst herunterfiel. Danach häutete und säuberte man das Tier und legte das Fleisch in Milch ein. In der Regel wurde das Fleisch dann als Eintopfgericht mit Wildsauce zubereitet.

Diese Zubereitungsart liegt mir allerdings nicht. Ich ziehe eine kürzere Reifezeit vor. Und bloß nicht wässern! So behält man nämlich den »echten« Geschmack des Hasen.

Ein Hase wird meist in zwei Blätter und zwei Keulen zerlegt, die sich am besten zum Schmoren und Kochen eignen, sowie in einen Rücken, auch in diesem Fall das beste Stück. Es eignet sich gut zum Braten.

In puncto Beilagen empfiehlt es sich, an Sörens Kräuterbeet und die umliegende Natur zu denken. Daher schlage ich Wildkräuter, Waldpilze, glasierte Maronen und Nüsse vor. Man muss nur beachten, dass das Fleisch einen sehr kräftigen Geschmack hat. Nehmen Sie also besser auch Beilagen mit kräftigen Aromen.

GESCHMORTER HASE MIT ROQUEFORT & TOPINAMBUR

ZUTATEN

2 Keulen vom Hasen
2 Blätter vom Hasen
½ l kräftiger Rotwein
1 EL Olivenöl
100 g geräucherter Bacon, gewürfelt
4 Knoblauchzehen, in dicken Scheiben
8 Schalotten, in dicken Scheiben
50 g kalte Butter, gewürfelt
Salz
frisch gemahlener Pfeffer
geröstete ganze Knoblauchzehen mit Schale zum Dekorieren
etwas unbehandelte Zitronenschale zum Dekorieren

TOPINAMBUR

12 große Knollen Topinambur
100 ml Schlagsahne
50 g Roquefort
Abrieb von 1 unbehandelten Zitrone
1 Zweig Rosmarin, Blätter fein gehackt

TAG 1

Die Keulen und Blätter am Vortag in Rotwein einlegen und über Nacht ziehen lassen.

TAG 2

Das Fleisch aus der Marinade nehmen und mit Küchenkrepp trocken tupfen. Den Rotwein zur Seite stellen. Olivenöl in einem Topf erhitzen und das Fleisch darin anbraten. Dann herausnehmen und im gleichen Fett Bacon, Knoblauch und Schalotten braten. Das Fleisch wieder zurück in den Topf geben, den Rotwein angießen und unter regelmäßigem Abschäumen etwa 1 Stunde köcheln.
Das Fleisch aus dem Topf nehmen und vom Knochen lösen. Dann zurück in den Topf legen und bis auf eine feste Ragoutkonsistenz einkochen lassen. Die kalten Butterwürfel einrühren und mit Salz und Pfeffer abschmecken.

TOPINAMBUR

In der Zwischenzeit die Topinamburknollen schälen und 10–12 Minuten mit etwas Wasser in der Schlagsahne weich kochen. Dann den Roquefort zusammen mit Zitronenabrieb und Rosmarin unterrühren.

SERVIEREN

Das Ragout im Topf servieren und einige Knoblauchzehen mit Schale sowie einige Stücke Zitronenschale aufstreuen. Den Topinambur als Beilage reichen. Gut dazu passt der Grünkohlsalat mit Mandeln und Petersilie (siehe Seite 129). Genießen Sie das Gericht mit einem richtig guten kräftigen Rotwein.

STAUB

HASENRÜCKEN MIT MARONEN, WALNÜSSEN & MANGOLD

ZUTATEN

1 Rücken vom Hasen
Salz
frisch gemahlener Pfeffer
20 Maronen
500 g grobes Salz
50 g Butter
1 Zweig Rosmarin
1 Stück Süßholzwurzel oder 1 EL Süßholzpulver
4 Sternanis
2 Knoblauchzehen, fein gehackt
2 EL Balsamicoessig
100 ml kräftiger Rotwein
8 Schalotten
200 g Waldpilze (z. B. Steinpilze oder andere Röhrlinge oder Totentrompeten)
20 Walnusskerne

GEDÜNSTETER MANGOLD
12 Stängel Mangold
Saft von 1 Zitrone
2 Knoblauchzehen, fein gehackt
50 g Butter
Salz
frisch gemahlener Pfeffer

Den Ofen auf 200 °C vorheizen. Das Fleisch von den Sehnen befreien, aber am Rückenknochen lassen und gut mit Salz und Pfeffer würzen. Alle Maronen kreuzweise einschneiden, in einer feuerfesten Form auf ein Bett aus grobem Salz setzen und 20 Minuten im Ofen backen.

Die Maronen abkühlen lassen, schälen und häuten. Einen großen Topf mit dickem Boden auf den Herd stellen und den Hasenrücken in 10 g Butter anbraten. Rosmarin, Süßholz, Sternanis und den gehackten Knoblauch zugeben und etwa 10 Minuten mitbraten. Balsamicoessig und Rotwein angießen, dann aufkochen. Abgedeckt etwa 5 Minuten köcheln lassen, dann den Topf vom Herd nehmen und 10 Minuten ruhen lassen.

Den Hasenrücken herausnehmen und in Alufolie wickeln. Die Bratflüssigkeit in eine Pfanne umfüllen. Schalotten schälen und in dicke Scheiben schneiden. Die Waldpilze in grobe Stücke schneiden. Walnüsse, Maronen, Schalotten und Pilze hinzufügen. Kurz aufkochen und die restliche Butter zugeben. Mit Salz und Pfeffer abschmecken.

GEDÜNSTETER MANGOLD

Den Mangold gründlich waschen und die Blätter von den Stängeln trennen. Die Stängel in Zitronensaft, Knoblauch und Butter dünsten, bis sie weich sind. Kurz vor dem Servieren die grünen Blätter unterheben, bis sie zusammenfallen. Den Mangold mit Salz und Pfeffer abschmecken.

SERVIEREN

Den Hasenrücken in die Pfanne mit der Sauce geben, nach Wunsch die Kräuter und Gewürze aus der Sauce dekorativ auf dem Fleisch anrichten. Die Hasenfilets zum Servieren vom Knochen lösen und in dünne Scheiben schneiden. Den gedünsteten Mangold dazu reichen.

HASE IN DUNKLEM BIER & EIGENEM BLUT

ZUTATEN

1 Hase
50 g Butter
Salz
frisch gemahlener Pfeffer
2 EL Malzmehl
1 Flasche dunkles Malzbier (etwa 500 ml)
1 l Pflaumensaft
100 g Backpflaumen, entsteint
100 g geräucherter Bacon
200 g Perlzwiebeln
4 Birnen
1 EL Olivenöl
4 Zweige Thymian + etwas zusätzlich zum Garnieren
200 ml Hasenblut

Dieses Gericht ist nichts für schwache Geschmacksnerven. Es ist sehr kräftig und eignet sich daher hervorragend für einen kalten Novemberabend.

Den Hasen in grobe, aber nicht zu große Stücke zerteilen. Die Butter in einen Bräter geben und das Fleisch darin anbraten. Mit reichlich Salz und Pfeffer würzen. Das Fleisch herausnehmen, Malzmehl in den Topf streuen und etwa 2–3 Sekunden rösten. Dann das Malzbier hineingeben und aufkochen. Zuletzt den Pflaumensaft angießen.

Den Ofen auf 160 °C vorheizen. Die Hasenstücke in einen anderen Bräter geben und die Pflaumen-Malz-Sauce durch ein Sieb darübergießen. Anschließend die entsteinten Pflaumen zugeben. Im Ofen abgedeckt etwa 1 Stunde garen.

In der Zwischenzeit den Bacon in Streifen schneiden und in einer trockenen Pfanne goldbraun braten. Die Perlzwiebeln schälen und in leicht gesalzenem, kochendem Wasser 4–5 Minuten kochen. Die Birnen schälen, vierteln und die Kerngehäuse entfernen. Dann das Olivenöl in einer Pfanne erhitzen, die Thymianblättchen abzupfen und zusammen mit den Birnen anbraten.
Den Bräter aus dem Ofen nehmen, das Hasenblut angießen und das Ganze für weitere 10 Minuten in den Ofen stellen.

SERVIEREN

Das Gericht am besten direkt aus dem Topf servieren oder auf tiefen Tellern mit den Zwiebeln, dem Bacon und den Birnen als Beilage anrichten. Mit etwas frischem Thymian dekorieren. Nach Belieben mit den knusprigen Streichholzkartoffeln (siehe Seite 109) servieren.

WILDKANINCHEN MIT GEBRATENEN BUNTEN KAROTTEN

ZUTATEN

1 großes Wildkaninchen
100 g weiche Butter + etwas zusätzlich zum Einfetten
Salz
frisch gemahlener Pfeffer
2 Zweige Thymian, 2 Zweige Rosmarin, Blätter jeweils fein gehackt
2 Knoblauchzehen, fein gehackt
Saft von 1 Zitrone
etwas grobes Salz zum Dekorieren

GEBRATENE BUNTE KAROTTEN

4 große Karotten (am besten ganz frische, in verschiedenen Farben)
2 EL Olivenöl
Salz
1 TL Rosenpfeffer
1 EL Honig
Saft von 1 Zitrone
1 EL Honigpollen (vom Spezialhändler, optional)
Blätter von 4–6 Heckenrosenblüten (optional)
1 TL getrocknete Hagebuttenschalen
4 Zweige Zitronenthymian, Blätter fein gehackt

Den Ofen auf 160 °C vorheizen. Das Kaninchen in 12 grobe Stücke zerteilen: zwei Blätter, zwei Keulen (jede Keule wiederum in zwei Stücke) und Rücken/Nacken (in sechs Stücke).

Die weiche Butter mit Salz und Pfeffer, den gehackten Kräutern, dem Knoblauch und dem Zitronensaft vermengen und die Fleischstücke mit dieser Mischung einreiben. Dann die Stücke in eine gefettete feuerfeste Form geben, mit Alufolie oder einem Deckel verschließen und für etwa 40 Minuten in den Ofen geben.

GEBRATENE BUNTE KAROTTEN

Die Karotten gründlich waschen, dann Spitzen und Strunk abschneiden. Mit Olivenöl, Salz und Rosenpfeffer in einen ausreichend großen Bräter geben. Abdecken und bei niedriger Temperatur auf den Herd setzen.

Die Karotten etwa 15–20 Minuten weich garen, dabei regelmäßig wenden, damit sie nicht zu viel Farbe bekommen. Sobald die Karotten sich weich anfühlen, wenn man hineinsticht, den Honig zugeben. Zitronensaft sowie die restlichen Zutaten unterrühren, sobald der Honig rund um die Karotten karamellisiert.

SERVIEREN

Kaninchen und Karotten auf einer großen Platte anrichten. Etwas grobes Salz auf das Fleisch streuen. Nach Belieben einen Salat dazu servieren, zum Beispiel den Unkrautsalat (siehe Seite 131).

KANINCHENFRIKASSEE IN VOL-AU-VENTS MIT BRUNNENKRESSE & PILZEN IN CREMESAUCE

ZUTATEN

1–2 Wildkaninchen
1 TL Salz
20 schwarze Pfefferkörner

CREMESAUCE MIT PILZEN
100 g Pilze (am besten Waldpilze, z. B. Röhrlinge oder Trompetenpilze)
20 Perlzwiebeln
2 Knoblauchzehen, gehackt
10 g Butter
2 EL Dijonsenf
200 ml Noilly Prat
¼ l Schlagsahne
¼ l Crème fraîche (mind. 30 % Fettgehalt)
Salz
frisch gemahlener Pfeffer
1 kleine Handvoll Brunnenkresse + etwas zusätzlich zum Dekorieren
1 TL grüne Pfefferkörner, zerstoßen

VOL-AU-VENTS
200 g Blätterteig (am besten vom Bäcker)
2 EL Weizenmehl
2 Eier, verquirlt
grobes Salz
frisch gemahlener Pfeffer
2 Zweige Thymian, Blätter abgezupft

Die Kaninchen säubern und die Innereien entfernen (für andere Zubereitungszwecke aufbewahren, zum Beispiel einen Salat). Dann die Kaninchen in grobe Stücke zerteilen und mit 1 l Wasser, Salz und den Pfefferkörnern in einen Topf geben. Aufkochen und danach bei niedriger Temperatur etwa 15 Minuten simmern lassen. Die Herdplatte ausschalten und die Kaninchen in der Flüssigkeit abkühlen lassen, bis man sie anfassen kann. Dann die Kaninchenstücke herausnehmen und sorgfältig das Fleisch von den Knochen lösen. Den Kochsud abseihen und über das zerpflückte Fleisch gießen.

CREMESAUCE MIT PILZEN

Die Pilze putzen und in mundgerechte Stücke schneiden. Die Perlzwiebeln schälen und längs zerteilen. Pilze, Perlzwiebeln und Knoblauch in Butter anbraten, dann Dijonsenf und Noilly Prat dazugeben, kurz aufkochen und anschließend die Sahne angießen. Die Flüssigkeit auf die Hälfte einkochen lassen, dann Crème fraîche hinzufügen. Mit Salz und frisch gemahlenem Pfeffer abschmecken.

VOL-AU-VENTS

Den Ofen auf 180 °C vorheizen. Den Blätterteig auf einer bemehlten Fläche ausrollen und vier Kreise mit 12 cm Durchmesser ausstechen. Eventuell einen Teller als Schablone benutzen. Dann Ringe (1 cm Breite) im gleichen Durchmesser ausschneiden. Alle Teigstücke mit Ei bepinseln und damit die Ringe auf die vier Kreise »kleben«. Die Vol-au-Vents auf ein mit Backpapier belegtes Blech legen, mit Salz, Pfeffer und Thymian bestreuen und 12–16 Minuten backen, bis sie eine goldgelbe Farbe angenommen haben.

SERVIEREN

Die Fleischstücke aus dem Sud nehmen, in die Cremesauce geben und langsam darin erhitzen, ohne dass die Sauce kocht. Kurz vor dem Anrichten vorsichtig die Brunnenkresse und den grünen Pfeffer unterheben. Zum Schluss das Frikassee in die frisch gebackenen Vol-au-Vents füllen und mit etwas Brunnenkresse dekorieren.

EIN WILDSCHWEIN VON DER ANDEREN SEITE

»Ich komme gerade aus Schweden und habe ein Wildschwein im Kofferraum.«

Mal wieder mein guter Freund Benjamin. Er ist drüben in Schweden zum Jagen gewesen und hatte das Glück, ein Wildschwein zu erwischen. Jetzt hängt es in seiner Garage, und er fragt mich, ob ich nicht vorbeikommen und es bestaunen möchte.

Noch am selben Nachmittag fahre ich zu ihm. Das Wildschwein verbreitet in der Garage einen Duft nach Wald, Moschus und Teer. Das Tier hat ein wahnsinnig schönes Fell, das Benjamin nun abzieht. Kurz darauf hängt nur noch das nackte Fleisch dort und glänzt in der Nachmittagssonne, die durch das Dachfenster fällt.

Das Ganze kommt mir gleichzeitig brutal und wunderschön vor. Stellen Sie sich vor, dieses Schwein hat gerade noch im Wald gegrunzt und wird jetzt in meinen Töpfen enden.

Ich freue mich schon darauf – danke, Benjamin.

WILDSCHWEINRILLETTE MIT MARONEN, STEINPILZEN & FRISCHEN HASELNÜSSEN

ZUTATEN

RILLETTE
20 g Salz
20 Pfefferkörner
20 Wacholderbeeren, zerstoßen
4 Lorbeerblätter
4 Zweige Rosmarin, Blätter fein gehackt
1 kg Wildschweinbrust
500 g Schweine- oder Entenfett
Salz
frisch gemahlener Pfeffer

BEILAGE
2 gleichmäßige Steinpilze
20 Maronen
20 frische Haselnüsse
2 Schalotten
2 EL Olivenöl
2 EL dunkler Balsamicoessig
Salz
frisch gemahlener Pfeffer
1 Zweig Rosmarin zum Dekorieren

ZUM SERVIEREN
kräftiges geröstetes Brot

Die Zubereitung dieses Rezeptes dauert leider 3 Tage, aber ich verspreche, es lohnt sich wirklich. Die Belohnung ist riesig, der Arbeitseinsatz minimal, und gut Ding will nun mal Weile haben.

RILLETTE

TAG 1
Salz, Gewürze und Kräuter zusammen mahlen oder in einem Mörser gründlich zerstoßen. Die Wildschweinbrust kräftig mit der Gewürzmischung einreiben und für 1 Tag kalt stellen.

TAG 2
Die Salzmischung vom Fleisch waschen. Schweine- oder Entenfett in einem Topf zerlassen, das Fleisch hineinlegen und bei schwacher Temperatur abgedeckt etwa 2–3 Stunden weich garen. Dann das Fleisch in eine Schüssel geben und mit zwei Gabeln in feine Stücke zerteilen. Das Fett zur Seite stellen. Fleisch mit Salz und Pfeffer würzen und mit dem Schweine- oder Entenfett im Verhältnis zwei Teile Fleisch zu einem Teil Fett vermischen. Die Mischung unter leichtem Druck in eine Terrinenform füllen und über Nacht in den Kühlschrank stellen.

BEILAGE

Die Pilze putzen oder abwaschen.
Kurz vor dem Servieren: Die Maronen knacken und von der Schale befreien. Pilze und die rohen Maronen in sehr dünne Scheiben schneiden. Die frischen Haselnüsse knacken, die feine, dunkle Haut herunterraspeln und danach in dünne Scheiben schneiden. Die Schalotten schälen und ebenfalls in feine Scheiben schneiden. Eine Marinade aus Olivenöl, Balsamicoessig, Salz und Pfeffer herstellen, alles darin marinieren.

SERVIEREN

Die Rillette in Scheiben schneiden. Die Beilage darauf anrichten und mit einigen frischen Rosmarinnadeln dekorieren. Scheiben von kräftigem geröstetem Brot dazu reichen.

WILDSCHWEINBRATEN MIT GETROCKNETEN FRÜCHTEN

ZUTATEN

1 Kammstück vom Wildschwein (etwa 1,5–2 kg)
Olivenöl
Salz
frisch gemahlener Pfeffer
4 Zweige Salbei + etwas zusätzlich zum Dekorieren
4 Zweige Thymian + etwas zusätzlich zum Dekorieren
2 Zweige Rosmarin + etwas zusätzlich zum Dekorieren
1 Knolle Knoblauch
10 getrocknete Feigen
10 getrocknete Aprikosen
20 getrocknete Pflaumen
50 g Sultaninen
50 g kleine dunkle Rosinen
100 g Kapern
20 Perlzwiebeln, geschält
10 Schalotten, geschält
1 EL grüne Pfefferkörner
1 Flasche halbtrockener Weißwein (etwa 750 ml)

Den Ofen auf 200 °C vorheizen. Das Kammstück in Olivenöl wälzen und gut mit Salz und Pfeffer würzen. Mit einem spitzen Messer im Abstand von 3 cm kleine »Taschen« in das Fleisch schneiden. Die Kräuter in kleinere Zweige teilen, den Knoblauch schälen und in Zehen zerteilen. In jede der Taschen drei verschiedene Kräuter und eine ganze Knoblauchzehe stecken. Das Fleisch auf einen Rost legen und darunter eine feuerfeste Form in passender Größe anbringen. Das Fleisch im Ofen 15 Minuten anbraten.

Dann den Braten herausnehmen und die Ofentemperatur auf 120 °C reduzieren – dazu am besten die Ofentür offen lassen. Inzwischen die getrockneten Früchte grob hacken und zusammen mit den Kapern, den beiden Zwiebelsorten und den grünen Pfefferkörnern in die Form geben, dann den Weißwein angießen. Die Form mit dem Braten wieder zurück in den Ofen stellen und weitere 25 Minuten bei 120 °C garen.

Sobald die Kerntemperatur am Knochen 56 °C beträgt, den Braten aus dem Ofen nehmen und 10–15 Minuten ruhen lassen.

SERVIEREN

Das Fleisch entweder im Ganzen servieren oder bereits in Scheiben schneiden. Zusammen mit den getrockneten Früchten und Zwiebeln anrichten und mit frischen Kräutern und einigen ganzen Knoblauchzehen dekorieren. Am besten Polenta (siehe Seite 141) dazu servieren.

WILDSCHWEINKEULE WIE IN ITALIEN

ZUTATEN

1 Keule vom Wildschwein
100 g weiche Butter
100 ml Olivenöl
Salz
frisch gemahlener Pfeffer
100 g getrocknete Steinpilze
2 Zweige Rosmarin + etwas zum Dekorieren
4 Zweige Salbei + etwas zum Dekorieren
4 Zweige Thymian + etwas zum Dekorieren
2 Lorbeerblätter
1 Flasche trockener Weißwein (etwa 750 ml)
etwas Trüffel (je nach Geschmack und finanziellen Mitteln)
50 ml Grappa
Saft von 1 Zitrone
500 g kernlose Weintrauben + einige zusätzlich zum Dekorieren
10 Weinblätter (nach Belieben auch eingelegt)

Den Ofen auf 200 °C vorheizen. Die Wildschweinkeule mit einer Mischung aus Butter und Olivenöl einreiben, dann mit Salz und Pfeffer würzen. Die Pilze 5 Minuten in kaltem Wasser einweichen. Die Wildschweinkeule auf einen Rost über einer tiefen Bratenpfanne legen, in den Ofen stellen und 15 Minuten anbraten, bis das Fleisch rundum goldbraun ist. Kräuter und Lorbeerblätter mit den eingeweichten Pilzen, Weißwein und Trüffel zugeben und erneut mit Salz und Pfeffer würzen. Dann die Ofentemperatur auf 120 °C senken und 1 weitere Stunde garen.

Anschließend den Grappa darübergießen und sofort flambieren (siehe Seite 13). Zitronensaft und Weintrauben zugeben, die Weinblätter auf das Fleisch legen und das Ganze für weitere 2 Stunden bei 120 °C in den Ofen geben. Alle 30 Minuten nach dem Braten sehen und etwas von der Flüssigkeit, die sich in der Bratenpfanne gesammelt hat, darübergießen. Die Wildschweinkeule aus dem Ofen nehmen, wenn die Kerntemperatur 65 °C beträgt. Das Fleisch danach 20 Minuten ruhen lassen.

SERVIEREN

Die Keule auf einem Brett anrichten und nach Belieben zum Servieren in Scheiben schneiden. Mit einigen frischen Weintrauben und Kräuterzweigen dekorieren. Bratensud, Polenta (siehe Seite 141) oder Kürbisrisotto (siehe Seite 143) dazu servieren.

GESCHMORTES WILDSCHWEINBLATT MIT HERZHAFTER KAFFEESAUCE

ZUTATEN

- 1 große oder 2 kleine Blätter oder Haxen vom Wildschwein
- 2 EL Olivenöl
- 4 Zweige Thymian + einige zusätzlich zum Dekorieren
- Salz
- frisch gemahlener Pfeffer
- 1 Portion Kaffeesauce (siehe Seite 185)

Den Ofen auf 120 °C vorheizen. Die Blätter in 3 cm dicke Scheiben wie für Ossobuco schneiden oder sägen (alternativ den Schlachter oder Jäger bitten, das zu tun).

Das Fleisch in Olivenöl wenden, mit Thymian, Salz und Pfeffer würzen und in dem Öl in einer Pfanne goldbraun anbraten. Dann das Fleisch in eine feuerfeste Form legen und 200 ml Wasser angießen. Das Fleisch im Ofen 2 Stunden garen.

Anschließend mit der Kaffeesauce beträufeln oder bepinseln und weitere 15 Minuten in den Ofen geben.

SERVIEREN

Das Fleisch auf einer Platte anrichten und mit etwas frischem Thymian dekorieren. Eventuell etwas Sauce dazu reichen und am besten mit Weißkohl am Stück mit gesalzenen Zitronen und brauner Butter (siehe Seite 134) servieren.

FEDERWILD

FASAN
REBHÜHNER
RINGELTAUBE, TÜRKENTAUBE
STOCKENTE
WALDSCHNEPFE
WILDENTE
WILDGANS

FASAN IN SAHNE MIT OFENKARTOFFELN & PILZEN

ZUTATEN

4 große Kartoffeln
100 g geräucherter Bacon
1 Kochapfel
20 Perlzwiebeln
4 Zweige Rosmarin + etwas zusätzlich zum Dekorieren
1 Knoblauchzehe, zerstoßen
100 ml Calvados
100 ml Schlagsahne
100 ml Crème fraîche (mind. 30 % Fettgehalt)
Salz
frisch gemahlener Pfeffer
500 g Waldpilze oder Wiesenchampignons
Olivenöl
2 Brüste vom Fasan, ohne Haut und Knochen
grobes Salz zum Dekorieren

Den Ofen auf 180 °C vorheizen. Die Kartoffeln säubern, in Alufolie wickeln und 1 Stunde im Ofen backen.

Den Bacon würfeln und in einem Topf ohne Fett anbraten, bis er goldgelb ist. Den Apfel ebenfalls würfeln und die Perlzwiebeln schälen. Die Rosmarinnadeln abzupfen. Apfelwürfel, Perlzwiebeln, Rosmarin und Knoblauch zum Bacon geben. Mit dem Calvados flambieren (siehe Seite 13) und die Sahne angießen. Die Flüssigkeit bis auf die Hälfte einkochen, Crème fraîche zugeben und kurz aufkochen. Mit Salz und Pfeffer abschmecken.

Die Pilze putzen und in etwas Olivenöl in einer Pfanne anbraten. Das Fett in einem Sieb abtropfen lassen. Anschließend die Fasanenbrüste in Streifen schneiden und in etwas Öl in einer Pfanne anbraten. Mit reichlich Salz und Pfeffer würzen und ebenfalls in einem Sieb abtropfen lassen. Die Pilze und das Fasanenfleisch in der cremigen Sauce wenden.

SERVIEREN

Die Kartoffeln aus der Folie nehmen und längs durchschneiden. Die Kartoffelhälften auf Tellern in einem Bett aus grobem Salz anrichten, dabei jeweils einen großen Löffel Fasanen-Pilzcreme auf die eine Hälfte geben und die andere Hälfte dazulegen. Mit einigen frischen Rosmarinnadeln dekorieren.

FASAN IM FILOTEIG MIT GETROCKNETEN FRÜCHTEN, NÜSSEN & GEWÜRZEN

ZUTATEN

10 Backpflaumen
10 getrocknete Aprikosen
4 getrocknete Feigen
Abrieb und Saft von 2 unbehandelten Zitronen
50 g Mandeln, grob gehackt
50 g Pistazien, grob gehackt
8 zubereitete Brüste vom Fasan (am besten Reste vom Vortag), ohne Haut und Schenkel
1 EL gemahlener Zimt + etwas zusätzlich zum Bestreuen
1 TL Fenchelsamen
1 TL Koriandersamen
1 TL Kreuzkümmel
10 Minzblätter, gehackt
1 Knoblauchzehe, fein gehackt
2 Schalotten, fein gehackt
Salz
frisch gemahlener Pfeffer
1 Päckchen Filoteig (etwa 400–500 g)
100 g Butter, zerlassen

Den Ofen auf 180 °C vorheizen. Die getrockneten Früchte grob würfeln und mit Zitronenabrieb und -saft vermischen. Die Nüsse in einer Pfanne trocken rösten, bis sie eine goldgelbe Farbe angenommen haben.

Das Fasanenfleisch in grobe Stücke zupfen. Dann die Gewürze in einem Topf trocken rösten, bis sie zu duften beginnen, anschließend in einem Mörser zerstoßen. Getrocknete Früchte, Nüsse, Fleisch und Gewürze mit gehackter Minze, Knoblauch und Schalotten zu einer Farce vermischen und mit Salz und Pfeffer abschmecken.

Ein Stück Filoteig, etwa doppelt so groß wie der Durchmesser der verwendeten Springform, auf der Arbeitsplatte auslegen und mit zerlassener Butter bepinseln. Ein weiteres Stück darauflegen und erneut bepinseln. Diesen Prozess fünfmal wiederholen, sodass es insgesamt sechs Schichten sind. Die eine Hälfte des Teiges in die Form legen, die Fleischmasse darauf verteilen und den restlichen Teig wie einen Deckel darüberklappen. Den Filoteig an den Seiten verschließen. Alternativ den geschichteten Teig in die Form legen, die Fleischfarce darauf verteilen und die Enden wie ein Säckchen mit Küchengarn zubinden. Nochmals mit zerlassener Butter bepinseln, dann etwas Zimt und Salz aufstreuen und 20–25 Minuten im Ofen backen.

SERVIEREN

Am besten direkt aus dem Ofen servieren und einen Salat dazu reichen, zum Beispiel den Rote-Bete-Salat mit säuerlichen Rosinen und roten Trauben (siehe Seite 127)

FASANENBRUST MIT GEBRATENEM BUCHWEIZEN

ZUTATEN

4 Fasane, in Brüste und Schenkel zerlegt (die Schenkel werden nicht verwendet, eignen sich aber für eine Suppe)
200 ml Wildfond (siehe Seite 187)
Salz
frisch gemahlener Pfeffer
1 TL sehr hochwertiger Balsamicoessig

WINTERZWIEBELN
1 Knolle Knoblauch, geschält
Salz
20 Perlzwiebeln, geschält

ZITRONENPÜREE
2 unbehandelte Zitronen + etwas Saft zusätzlich zum Abschmecken
100 ml Olivenöl
100 g Zucker + etwas zusätzlich zum Abschmecken
Salz

ZITRONENCONFIT
2 unbehandelte Zitronen
1 EL Olivenöl
1 EL Zucker
Salz

GEBRATENE BUCHWEIZEN-KÖRNER
80 g ganze Buchweizenkörner
etwas Olivenöl
Salz
frisch gemahlener Pfeffer

ZITRUSKRÄUTER
4 Zweige Zitronenthymian
4 Zweige Zitronenverbene
4 Zweige Zitronenmelisse

Die Fasanenbrüste in einem Topf im Wildfond 8–10 Minuten dünsten, bis sie rosa sind. Dann von Haut und Knochen befreien, gut mit Salz und Pfeffer würzen und warm halten.

WINTERZWIEBELN

Die Knoblauchzehen in breite Scheiben schneiden und in leicht gesalzenem Wasser weich kochen. Die Perlzwiebeln halbieren, die Hälfte davon in Ringe schneiden und ebenfalls weich kochen.

ZITRONENPÜREE

Den Ofen auf 180 °C vorheizen. Die Zitronen in Alufolie wickeln und im Ofen 30 Minuten backen. Danach mit Olivenöl und Zucker mischen und mit etwas Salz abschmecken. Durch ein Sieb streichen und nach Geschmack zusätzlich Zucker, Salz oder etwas Zitronensaft zugeben.

ZITRONENCONFIT

Die Schale der Zitronen mithilfe eines Sparschälers abnehmen und in feine Streifen schneiden. Den Saft auspressen. Die Streifen bei schwacher Hitze in einem Topf im Zitronensaft, Olivenöl, Zucker und etwas Salz kochen, bis sie weich sind.

GEBRATENE BUCHWEIZENKÖRNER

Die Buchweizenkörner in Olivenöl braten, mit Salz und Pfeffer würzen.

ZITRUSKRÄUTER

Die Kräuterzweige waschen und die Blättchen abzupfen.

SERVIEREN

Die Fasanenbrüste gut mit Salz und Pfeffer würzen und auf Tellern anrichten. Die übrigen Zwiebelhälften danebensetzen und etwas Zitronenpüree daraufgeben. Mit Zitronenconfit dekorieren. Buchweizen und Winterzwiebeln auf die Teller geben. Alles mit den Zitruskräutern bestreuen und mit Balsamicoessig beträufeln.

GEBRATENER FASAN MIT HEISSEN GEWÜRZEN

ZUTATEN

GEWÜRZMISCHUNG
1 EL Koriandersamen
1 EL Fenchelsamen
1 EL Szechuanpfeffer
10 schwarze Pfefferkörner
1 TL Ingwer, gemahlen
Abrieb von 1 unbehandelten Orange
Abrieb von 1 unbehandelten Zitrone
2 Zweige Minze, Blätter fein gehackt
2 Zweige Koriander, Blätter fein gehackt
2 Stängel glatte Petersilie
1 TL grobes Salz
4 EL Olivenöl
getrocknete Orangenschale zum Dekorieren

FASANE
2 Fasane
Olivenöl
Salz
frisch gemahlener Pfeffer
Butter zum Einfetten
100 g Akazienhonig

GEWÜRZMISCHUNG

In einem Mörser Koriandersamen, Fenchelsamen, die beiden Pfeffersorten und den Ingwer zerstoßen. Orangen- und Zitronenabrieb, die frischen Kräuter sowie grobes Salz und Olivenöl hinzufügen.

FASANE

Den Ofen auf 180 °C vorheizen. Währenddessen die Fasane säubern und die Innereien, Flügel und Schenkel entfernen. Dann das Geflügel mit Öl einreiben und mit Salz und Pfeffer würzen. In einer gefetteten feuerfesten Form in den Ofen geben und 15 Minuten garen.

Danach die Fasane aus dem Ofen nehmen, mit Akazienhonig einpinseln und in der Kräutermischung wälzen oder sie damit einreiben. Anschließend zurück in die Form legen, wieder in den Ofen geben und weitere 10–15 Minuten garen.

Dann die Form aus dem Ofen nehmen und das Fleisch vor dem Servieren etwa 10 Minuten ruhen lassen.

SERVIEREN

Die Vögel entweder im Ganzen oder in Brust- und Keulenfleisch zerlegt auf einer Platte anrichten. Mit den getrockneten Orangenschalen dekorieren. Am besten mit den cremigen Kartoffeln (siehe Seite 115) und einem Salat, zum Beispiel dem bunten Kohlsalat mit Walnussöl (siehe Seite 119), servieren.

FASANENBRUST MIT KRÄUTERN, MARONEN & BIRNEN

ZUTATEN

FASANENBRÜSTE
2 große Fasane mit Haut
100 ml Wildfond (siehe Seite 187)
10 Wacholderbeeren, zerstoßen
1 großes Bund junger Rosmarin
1 großes Bund junger Zitronenthymian
1 TL Rauchsalz
1 TL frisch gemahlener schwarzer Pfeffer

PERLZWIEBELN UND BIRNEN IN TOPINAMBURSUD
500 g Topinambur
100 g Honig
Saft von 4 Zitronen
2 Comice-Birnen
30 weiße Perlzwiebeln

ROH MARINIERTE MARONEN
500 g Maronen
1 EL Rapsöl
1 TL Maldon Sea Salt

BITTERE SALATE
2 Stauden Chicorée (oder Endiviensalat), in Blätter zerpflückt
20 Löwenzahnblätter
1 EL Rapsöl
1 EL Balsamicoessig

Auf dieses Rezept bin ich besonders stolz, denn mit ihm habe ich beim ersten dänischen Wildgericht-Wettbewerb 2011 den Preis für die beste Vorspeise gewonnen.

FASANENBRÜSTE

Eventuell vorhandene Federreste aus den Fasanen entfernen. Den Wildfond in einen Topf gießen, Wacholderbeeren, Rosmarin und Zitronenthymian hinzufügen und aufkochen lassen. Etwas Thymian zur Seite stellen. Die Fasane 4–6 Minuten im aromatisierten Fond dünsten. Dann die Brüste aus den Fasanen auslösen und mit etwas Rauchsalz und schwarzem Pfeffer würzen.

PERLZWIEBELN UND BIRNEN IN TOPINAMBURSUD

Den Topinambur schälen und durch einen Entsafter lassen, dann den Saft aufkochen und abschäumen. Honig und Zitronensaft hinzufügen und zu einem Sud verkochen. Die Birnen schälen und achteln, die Kerngehäuse entfernen. Die Perlzwiebeln schälen, halbieren und zusammen mit den Birnen im Topinambursud 4–6 Minuten pochieren, bis sie weich sind.

ROH MARINIERTE MARONEN

Die Maronen knacken und schälen, in dünne Scheiben schneiden und vor dem Anrichten in Rapsöl und Salz marinieren.

BITTERE SALATE

Die Salate waschen und kurz vor dem Anrichten mit einer Marinade aus Rapsöl und Balsamicoessig mischen.

SERVIEREN

Je eine Fasanenbrust auf den Teller setzen und einige Birnenspalten und Perlzwiebeln dazugeben. Etwas Topinambursud angießen. Maronen und Salate ebenfalls auf dem Teller anrichten. Zum Schluss mit Thymian garnieren.

FASANENBOUILLON MIT RAVIOLI & KRÄUTERN

ZUTATEN

FASANENKEULEN
4 Keulen vom Fasan
1 l Wildfond (siehe Seite 187)

FASANENBOUILLON
2 Knollen Sellerie
Saft von 1 Zitrone
Salz
frisch gemahlener Pfeffer

RAVIOLIFÜLLUNG
200 g Ricotta
4 EL Olivenöl
100 g Parmesan, fein gerieben
100 g Walnusskerne, fein gehackt
1 Knoblauchzehe, gepresst
Abrieb und Saft von 1 unbehandelten Zitrone
1 Zweig Thymian, Blätter abgezupft
Salz
frisch gemahlener Pfeffer

PASTATEIG
400 g Weizenmehl + etwas zusätzlich zum Bestäuben
1 Ei
6 Eigelb
1 Msp. Salz

1 Ausstechform (Durchmesser 8 cm)

SUPPENEINLAGE
4 Stangen Sellerie
4 Zweige Zitronenthymian
4 Zweige Zitronenmelisse
Salz

FASANENKEULEN

Die Fasanenkeulen im Wildfond etwa 15 Minuten bei schwacher Temperatur dämpfen, bis sie gar sind und abkühlen lassen. Danach das Fleisch abzupfen und zur Seite stellen. Ebenso den Fond.

FASANENBOUILLON

Den Sellerie schälen. Ein Viertel des Selleries zur Seite stellen, den Rest durch einen Entsafter lassen. Den Selleriesaft aufkochen, dabei den Schaum mit einem Löffel von der Oberfläche schöpfen und den klaren Saft durch ein Tuch sieben. Dann mit dem beiseitegestellten Fond vermischen und mit Zitronensaft, Salz und Pfeffer abschmecken. Vor dem Servieren kurz aufkochen.

RAVIOLIFÜLLUNG

Den Ricotta mit Olivenöl, Parmesan, Walnüssen, Knoblauch, Zitronenabrieb und -saft, Thymianblättchen sowie Salz und Pfeffer zu einer Farce verarbeiten. Anschließend 1 Stunde ziehen lassen und nochmals mit Salz und Pfeffer abschmecken.

PASTATEIG

Alle Zutaten zu einem Teig verkneten. Den Teig 1 Stunde ruhen lassen und mithilfe einer Pastamaschine zu dünnen Platten ausrollen. Anschließend mit der Ausstechform kleine Teigkreise ausstechen und auf die Hälfte der Teigkreise etwas von der Füllung geben. Die Ränder mit Wasser befeuchten, die restlichen Teigkreise darauflegen und an den Rändern gut zusammendrücken. Die Ravioli auf eine mit Mehl bestaubte Platte legen und kalt stellen.

SUPPENEINLAGE

Den Sellerie in lange, dünne Stücke schneiden. Die Kräuterblätter von den Zweigen zupfen. Das restliche Viertel der Sellerieknolle würfeln und in leicht gesalzenem, kochendem Wasser etwa 1 Minute weich kochen. Dann die Ravioli ebenfalls in leicht gesalzenem, kochendem Wasser 3–4 Minuten kochen. Zuletzt die Fasanenbouillon aufkochen und das Fasanenfleisch in der Bouillon erhitzen.

SERVIEREN

Alle Bestandteile der Suppeneinlage auf vier vorgewärmte Suppentassen verteilen und mit der sprudelnd kochenden Bouillon übergießen. Mit den frischen Kräutern garnieren.

WILDENTE MIT ORANGEN-INGWER-SAUCE, PERLZWIEBELN & MAIRÜBEN

ZUTATEN

2 große Wildenten
2 EL Olivenöl
Salz
frisch gemahlener Pfeffer
1 unbehandelte Orange
Butter zum Einfetten
4 Zweige Thymian + etwas zusätzlich zum Dekorieren
4 Zweige Rosmarin+ etwas zusätzlich zum Dekorieren
4 Zweige Salbei
etwas getrocknete Orangenschale zum Dekorieren
etwas grobes Salz zum Dekorieren

ORANGEN-INGWER-SAUCE MIT PERLZWIEBELN UND MAIRÜBEN

40 Perlzwiebeln
12–14 mittelgroße Mairüben
7 Orangen
50–80 g frischer Ingwer
4 EL Honig
1 Knolle Knoblauch
50 g Butter, in kleinen Würfeln
1 EL Szechuanpfeffer
etwas Zitronensaft
Salz

Den Ofen auf 200 °C vorheizen. Die Wildenten mit Olivenöl einreiben, mit Salz und Pfeffer würzen und im Ofen etwa 10 Minuten anbraten. Dann den Ofen ausschalten und die Enten in der Restwärme 5 Minuten nachziehen lassen. Anschließend herausnehmen und vor dem Aufschneiden weitere 10 Minuten ruhen lassen. Brustfleisch und Keulen vom Rumpf trennen. Die Brüste häuten und die Haut entsorgen. Die Orange mit Schale in Scheiben schneiden und in eine feuerfeste Form geben. Die Brüste und Keulen drauflegen, dann Thymian-, Rosmarin- und Salbeizweige daraufgeben und mit Salz und Pfeffer bestreuen.

ORANGEN-INGWER-SAUCE MIT PERLZWIEBELN UND MAIRÜBEN

Die Perlzwiebeln und Mairüben schälen. Die Orangen auspressen. Den Ingwer schälen und durch einen Entsafter lassen. Ingwer- und Orangensaft in einem Topf mit Honig vermischen und langsam auf ein Viertel einkochen lassen. Den Knoblauch schälen und hacken, die Mairüben in 1 cm dicke Scheiben schneiden. Knoblauch, Mairüben und Perlzwiebeln in den Saft geben und 10–12 Minuten gar kochen. Mit den Butterwürfeln montieren und mit Szechuanpfeffer, Zitronensaft und Salz abschmecken.

SERVIEREN

Kurz vor dem Anrichten die Form mit der Ente im Ofen 4–5 Minuten grillen. Dann herausnehmen und die Orangen-Ingwer-Sauce darübergießen. Mit Orangenschale, frischen Kräutern und etwas grobem Salz dekorieren.

WILDENTENBRUST, SAUERAMPFERPÜREE & WALNUSSSAUCE

ZUTATEN

WILDENTENBRÜSTE
2 ganze Wildenten mit Haut
Salz
frisch gemahlener Pfeffer

HERBSTKOHL
100 g blauer Rosenkohl
100 g Grünkohl
100 g roter Grünkohl
100 g Brokkoli
100 g Blumenkohl
Salz
etwas Zitronensaft
1 EL Entenfett
frisch gemahlener Pfeffer

SAUERAMPFERPÜREE
2 Äpfel
1 Bund Sauerampfer

ZITRUSKRÄUTER
1 großes Bund Zitronenthymian
1 großes Bund Zitronenverbene
1 großes Bund Zitronenmelisse
1 großes Bund grüner Sauerampfer
1 großes Bund roter Sauerampfer
1 großes Bund grüner Waldsauerklee
2 EL Olivenöl

CREMIGE WALNUSSSAUCE
1 Portion (siehe Seite 184)

WILDENTENBRÜSTE

Die Enten mit Salz und Pfeffer würzen, dann in leicht gesalzenem Wasser etwa 20 Minuten pochieren. Danach herausnehmen, auf eine Platte legen und etwa 5 Minuten ruhen lassen. Anschließend die Brüste vom Rumpf trennen. Die Haut von den Brüsten ziehen und entsorgen. Das Fleisch erneut mit Salz und Pfeffer würzen und in Alufolie wickeln, damit es warm bleibt.

HERBSTKOHL

Die Kohlsorten waschen und in Blätter sowie Strünke zerteilen. Die Strünke entsorgen. Brokkoli und Blumenkohl in hauchdünne Scheiben schneiden und diese kurz in kochendem Wasser blanchieren, dann sofort mit kaltem Wasser abschrecken. Die roten und die grünen Kohlblätter jeweils getrennt in kochendem Wasser 2 Minuten gar kochen und etwas Salz und Zitronensaft dazugeben. Danach die Kohlblätter aus dem Wasser nehmen und in einem Sieb abtropfen lassen. In einer Pfanne mit etwas Entenfett 1 Minute braten. Mit Salz und etwas Pfeffer würzen.

SAUERAMPFERPÜREE

Die Äpfel schälen und die Kerngehäuse entfernen. In einem Topf mit 1 EL kochendem Wasser abgedeckt weich dünsten. Zusammen mit den Sauerampferblättern im Mixer zu einem Püree verarbeiten, dann die Masse durch ein feines Sieb streichen.

ZITRUSKRÄUTER

Die Kräuter waschen und in einem Sieb abtropfen lassen. Kurz vor dem Servieren die Blätter in Olivenöl marinieren.

SERVIEREN

Auf jedem Teller eine Wildentenbrust anrichten. Dann die verschiedenen Kohlblätter sowie die Brokkoli- und Blumenkohlscheiben daneben auf die Teller geben. Etwas Walnusssauce auf das Fleisch geben, außerdem etwas Sauerampferpüree. Mit den Zitruskräutern garnieren.

RUSTIKALER JÄGERTOAST MIT WILDENTE, WINTERGEMÜSE & -FRÜCHTEN

ZUTATEN

WILDENTE
4 Brüste von der Wildente ohne Fett, Sehnen und Flügelknochen
Salz
frisch gemahlener Pfeffer
4 Zweige Rosmarin, Blätter gehackt + etwas zusätzlich zum Dekorieren
4 Zweige Thymian, gehackt + etwas zusätzlich zum Dekorieren
4 Zweige Salbei, gehackt + etwas zusätzlich zum Dekorieren
4 Zweige Petersilie, gehackt
50 g Butter

WINTERGEMÜSE UND -FRÜCHTE
8 Maronen
1 Birne
1 Apfel
100 g Pilze (z. B. Steinpilze oder Trompetenpilze)
1 Stängel Grünkohl
4 Rosenkohlröschen
25 g Butter
8 Backpflaumen, entsteint
2 Schalotten, gehackt
Salz
frisch gemahlener Pfefferr

BROT
4 Scheiben Landbrot vom Vortag
25 g Butter
1 Knoblauchzehe

WILDENTE

Die Brüste gut mit Salz, Pfeffer und den gehackten Kräutern würzen. Die Butter in einer Pfanne erhitzen und die Brüste 7–8 Minuten darin anbraten, etwa 5 Minuten ruhen lassen und erst dann in feine Scheiben schneiden.

WINTERGEMÜSE UND -FRÜCHTE

Die Maronen knacken und schälen, dann in dünne Scheiben schneiden. Birne und Apfel schälen, vierteln und die Kerngehäuse entfernen. Dann die Pilze putzen und in kleinere Stücke schneiden. Den Grünkohl in kleine Stücke zupfen. Die Strünke des Rosenkohls abschneiden und die einzelnen Blätter abzupfen. Birne, Apfel und Pilze in einer Pfanne mit etwas Butter anbraten. Anschließend Maronenscheiben, Pflaumen, Schalotten, Rosenkohlblätter und Grünkohl zugeben, alles in der Pfanne vermengen und mit Salz und Pfeffer abschmecken.

BROT

Die Brotscheiben in etwas Butter in einer Pfanne goldbraun rösten. Den Knoblauch längs aufschneiden und mit den Schnittflächen über die Brotscheiben reiben.

SERVIEREN

Jede Scheibe Brot mit einigen Entenfleischscheiben sowie ein wenig von der Gemüse-Frucht-Mischung belegen. Mit frischen Kräutern bestreuen und sofort servieren. Ein würziges Bier schmeckt besonders gut dazu.

WILDGANS MIT GELBEN ERBSEN

ZUTATEN

500 g getrocknete gelbe Erbsen
1 Graugans
½ Knolle Sellerie
4 kleine Stangen Lauch
4 kleine Karotten
2 Zwiebeln
100 g geräucherter Bacon
1 Bund Thymian
1 EL Pfefferkörner
4 Lorbeerblätter
100 ml Weißweinessig
Salz
frisch gemahlener Pfeffer
scharfer Senf

Tag 1
Die gelben Erbsen über Nacht in Wasser einweichen.

Tag 2
Die Gans gründlich von Federresten befreien und die Innereien herausnehmen. Das Gemüse putzen und in grobe Stücke schneiden. Dann die Gans zusammen mit 5 l Wasser, Bacon, Gemüse, Kräutern und Gewürzen in einen großen Topf geben. Aufkochen, Schwebstoffe an der Oberfläche abschäumen und das Ganze bei schwacher Temperatur etwa 1 Stunde simmern lassen, bis die Gans gar ist.

Dann Fleisch und Gemüse aus dem Kochsud herausnehmen und ein wenig abkühlen lassen. Den Bacon in Stücke schneiden, das Gänsefleisch vom Knochen lösen und in Stücke rupfen. Die eingeweichten gelben Erbsen abgießen und in der Gänsebrühe etwa 20–25 Minuten weich kochen. Wenn die Erbsen fast gar sind, den Essig, das gekochte Gemüse, den Bacon und das zerrupfte Gänsefleisch hinzufügen. Mit Salz und Pfeffer abschmecken.

SERVIEREN

Den Topf zusammen mit einem Stapel tiefer Teller und scharfem Senf auf dem Tisch anrichten.

KRICKENTE, IM SALZTEIG GEBACKEN

ZUTATEN

SALZTEIG
1 kg Weizenmehl
600 g feines Salz
7 Eiweiß

KRICKENTEN
4 Krickenten
2 EL Olivenöl
2 Eier
1 EL grobes Salz
Kräuter (z. B. Rosmarin und Thymian)
Gewürze (z. B. Lorbeerblätter und Wacholderbeeren)

SALZTEIG

Mehl und Salz vermischen, Eiweiße eines nach dem anderen hinzufügen und 300 ml kaltes Wasser angießen. Den Teig gut durchkneten und zu einer Kugel formen. Vor der Zubereitung 1 Stunde ruhen lassen.

KRICKENTEN

Die Krickenten von eventuell vorhandenen Federresten befreien. Hals, Flügel, Knochen und Rückgrat herausschneiden (die Reste können für einen Wildfond verwendet werden, siehe Seite 187), sodass nur noch die Brüste am Rumpf vorhanden sind. Diese auf der Hautseite in etwas Öl in einer Pfanne gut anbraten, bis sie goldbraun sind. Dann das Fleisch abkühlen lassen.
Den Ofen auf 240 °C vorheizen. Den Salzteig ausrollen; er sollte etwa 2,5 mm dick sein und einen Durchmesser von etwa 25 cm pro Ente haben. Die Brüste in den Teig wickeln, sodass sie vollständig von Teig umgeben sind. Dann die Eier mit 100 ml Wasser verquirlen, die Teigpakete damit bepinseln und anschließend mit grobem Salz, Kräutern und/oder Gewürzen bestreuen.

Die Krickenten im vorgeheizten Ofen etwa 10 Minuten garen, im Anschluss 10 Minuten ruhen lassen. Dann den Salzteig aufbrechen und entsorgen.

SERVIEREN

Die Entenbrüste zerteilen und auf vorgewärmten Tellern anrichten. Am besten gebratene Birnen mit Thymian und Wacholder (siehe Seite 145) und/oder in Salz gebackenen Topinambur mit Honigbutter und Zitronenthymian (siehe Seite 138) dazu servieren.

STAUB
STAUB
LE CREUSET

GEBRATENE KRICKENTE MIT MANDELN & WÜRZIGER APFELSAUCE

ZUTATEN

KARAMELLISIERTE MANDELN
100 g Mandeln
2 EL Akazienhonig
4 Zweige Rosmarin, Blätter fein gehackt
2 g Salz
1 g frisch gemahlener Pfeffer

KRICKENTEN
4 Krickenten
100 ml Entenfett oder Olivenöl
Salz
frisch gemahlener Pfeffer
2 Knollen Knoblauch
1 Zweig Rosmarin zum Dekorieren

WÜRZIGE APFELSAUCE
400 ml Apfelmost
100 ml Schlagsahne
50 g kalte Butter, gewürfelt
Salz
frisch gemahlener Pfeffer
etwas Zitronensaft
20 g Ingwer, fein gerieben
¼ Muskatnuss, fein gerieben
1 TL Kreuzkümmelsamen, trocken geröstet + etwas zusätzlich zum Dekorieren
1 Kochapfel
Olivenöl zum Dekorieren

KARAMELLISIERTE MANDELN

Die Mandeln schälen und grob hacken. Den Honig in einer Pfanne schmelzen, bis er einen goldenen Schimmer bekommt, dann die Mandeln, Rosmarin, Salz und Pfeffer hinzufügen. Die Masse gut durchmischen und vom Herd nehmen.

KRICKENTEN

Den Ofen auf 180 °C vorheizen. Die Krickenten von eventuell vorhandenen Federresten befreien, dann mit Entenfett oder Olivenöl einreiben und mit Salz und Pfeffer würzen. Die Knoblauchknollen halbieren und zusammen mit den Enten 5–8 Minuten in den Ofen geben, dann herausnehmen und mindestens 15 Minuten ruhen lassen. Brüste und Keulen von den Vögeln abtrennen, die Brüste enthäuten und dann in eine feuerfeste Form legen, mit der »Hautseite« nach oben. Auch die Keulen sowie die Knoblauchknollen in die Form legen. Auf jede Brust einen Löffel karamellisierte Mandeln geben.

WÜRZIGE APFELSAUCE

Den Apfelmost auf die Hälfte einkochen, die Sahne hinzufügen und erneut auf die Hälfte reduzieren. Die Sauce mit der Butter montieren und mit Salz, Pfeffer und einem Hauch Zitronensaft abschmecken. Dann mit Ingwer, Muskatnuss und den Kreuzkümmelsamen verfeinern. Den Apfel schälen, das Kerngehäuse entfernen und das Fruchtfleisch würfeln. Die Apfelwürfel kurz vor dem Anrichten in die Sauce geben, sodass sie immer noch knackig sind. Mit Salz und Pfeffer abschmecken.

SERVIEREN

Vor dem Anrichten das Fleisch im Ofen bei 180 °C etwa 5 Minuten aufwärmen. In der Form auf den Tisch stellen, mit frischem Rosmarin dekorieren und die Apfelsauce dazu servieren. Darauf etwas Kreuzkümmel und Olivenöl geben. Am besten passen Bratkartoffeln aus rohen Kartoffeln mit Entenfett und frischen Kräutern (siehe Seite 109) und der grüne Herbstsalat mit Tannengrün (siehe Seite 121) dazu.

REBHUHN IN WEIZENSALAT MIT GERÄUCHERTEM BACON

ZUTATEN

4 Rebhühner
Olivenöl
Salz
frisch gemahlener Pfeffer
100 g geräucherter Bacon

WEIZENSALAT
100 g Weizenkörner
Salz
200 g gemischte Salate (z. B. Feldsalat, Frisée, Sauerampfer, Brunnenkresse, Kapuzinerkresse, Babyspinat, Löwenzahn, Römersalat, Chicorée oder Endivien)
2 Scheiben Weißbrot vom Vortag
Olivenöl
frisch gemahlener Pfeffer

SIRUP
1 Flasche Weizenbier (0,5 l)
2 EL Honig
Saft von 2 Zitronen

ZWIEBELGARNIERUNG
10 Perlzwiebeln
Salz
2 Schalotten

Hier wurde das Gericht mit einem Weizensalat zubereitet, für den die Körner über Nacht eingeweicht werden müssen. Hat man dafür keine Zeit, kann man die harten Körner durch Bulgur ersetzen.

Den Ofen auf 180 °C vorheizen. Die Rebhühner von eventuell vorhandenen Federresten befreien. Mit Olivenöl einreiben, mit Salz und Pfeffer würzen und im Ofen 12 Minuten garen. Dann die Hühner 5 Minuten ruhen lassen und in Brustfleisch und Keulenfleisch zerlegen. Den Bacon in 1 cm breite Stücke schneiden und in einer heißen Pfanne goldbraun und knusprig braten. Auf Küchenkrepp abtropfen lassen.

WEIZENSALAT

Die Weizenkörner über Nacht einweichen. Die eingeweichten Weizenkörner in leicht gesalzenem Wasser etwa 15 Minuten kochen, bis sie bissfest sind. Die Salate gut waschen und in mundgerechte Stücke zupfen. Das Weißbrot in grobe Stücke zerteilen, in einer heißen Pfanne mit etwas Olivenöl braten und mit Salz und Pfeffer würzen. Danach auf Küchenkrepp abtropfen lassen.

SIRUP

Weizenbier, Honig und Zitronensaft in einen Topf geben und bei schwacher Temperatur einkochen lassen, bis die Flüssigkeit die Konsistenz von Sirup hat.

ZWIEBELGARNIERUNG

Die Perlzwiebeln schälen und in leicht gesalzenem Wasser weich kochen. Dann in ein Sieb gießen und abkühlen lassen. Die Schalotten erst längs aufschneiden und danach in Schiffchen teilen. Die Zwiebelschiffchen mit dem Weizenbiersirup beträufeln.

SERVIEREN

Alles als Salat auf einem großen Teller anrichten.

REBHUHN, GEDÜNSTET IN KNOLLENSELLERIEBOUILLON MIT WURZELGEMÜSE

ZUTATEN

4 Rebhühner
Salz
4 Knollen Sellerie oder 100 ml Selleriesaft
Saft von 2 Zitronen
1 Stängel Dillkraut

WURZELGEMÜSE
½ Knolle Sellerie
½ Stange Sellerie
1 Pastinake
1 Fenchel
1 Petersilienwurzel
1 rote Karotte
1 gelbe Karotte
2 Stangen Lauch
2 Zwiebeln
12 Perlzwiebeln
1 Stängel Grünkohl
Salz
1 Stängel Dillkraut
1 Bund Dill + etwas zusätzlich zum Garnieren
Abrieb und Saft von 1 unbehandelten Zitrone
frisch gemahlener Pfeffer

Die Rebhühner von eventuell vorhandenen Federresten befreien und von innen mit Salz einreiben. Den Sellerie schälen und durch einen Entsafter lassen. Alternativ den fertigen Saft weiterverarbeiten. Den Sellerie- und Zitronensaft aufkochen und durch ein feuchtes Tuch in einen anderen Topf abseihen. Dillkraut hinzufügen und erneut kurz aufkochen lassen. Danach die Rebhühner in den Topf geben, abdecken und das Fleisch 8–10 Minuten dünsten. Die Rebhühner vor dem Servieren 6 Minuten ruhen lassen.

WURZELGEMÜSE

Das Gemüse waschen und in gleichmäßige Stücke schneiden, die Größe abhängig davon, wie fein oder rustikal das Gericht sein soll. In einem Topf leicht gesalzenes Wasser aufkochen und Dillkraut, Dill, Zitronenabrieb und -saft hinzufügen. Mit etwas Salz und Pfeffer nachwürzen. Dann die Gemüsesorten nacheinander hinzugeben, bissfest kochen und in Eiswasser abschrecken, damit Farben und Vitamine erhalten bleiben.

SERVIEREN

Kurz vor dem Servieren das Gemüse in der Knollenselleriebouillon aufwärmen und das Rebhuhnfleisch vom Knochen schneiden. Mit ein wenig Dill bestreuen und den Topf sofort auf den Tisch stellen.

GEPÖKELTES REBHUHN MIT MEERRETTICH & BRUNNENKRESSE

ZUTATEN

SALZLAKE
1 l Wasser
200 g Salz
25 g Zucker
4 Lorbeerblätter
1 unbehandelte Zitrone, in Scheiben
10 Wacholderbeeren, zerstoßen
10 schwarze Pfefferkörner

REBHÜHNER
4–8 Rebhühner (je nach Größe)
1 l Wildfond (siehe Seite 187)

EINLAGE
1 Stange Lauch
½ Knolle Sellerie
4 Kartoffeln
2 bunte Karotten
3–4 Frühlingszwiebeln
2–3 Gelbe Beten
20 Perlzwiebeln
8 Rosenkohlröschen
je 1 Stängel lilafarbener und grüner Grünkohl

BUTTERSAUCE
2 Schalotten, fein gehackt
1 Flasche Weißwein (etwa 750 ml)
250 g kalte Butter, gewürfelt
5 cm Meerrettichwurzel, fein gerieben
Abrieb und Saft von 1 unbehandelten Zitrone
1 großes Bund Brunnenkresse
Salz
frisch gemahlener Pfeffer

Hier wurden die Rebhühner ein paar Tage vor dem Verzehr in einer Salzlake gepökelt. Diese Zeit ist gut investiert, denn die Hühner werden durch diese Zubereitungsart saftiger und kräftiger.

TAG 1
Alle Zutaten für die Salzlake aufkochen und vollständig abkühlen lassen. Die Rebhühner von eventuell vorhandenen Federresten befreien und für 24 Stunden in der Salzlake einlegen.

TAG 2
Die Rebhühner aus der Salzlake nehmen, für 10–15 Minuten im Wildfond pochieren, dann herausnehmen und 10 Minuten ruhen lassen.

EINLAGE

Die Gemüsesorten säubern und schälen, in mundgerechte Stücke schneiden oder in einzelne Blätter teilen und in der Kochflüssigkeit der Rebhühner 6–8 Minuten weich kochen.

BUTTERSAUCE

Die Schalotten zusammen mit dem Weißwein in einen Topf geben und auf ein Drittel der Menge einkochen. Den Topf vom Herd nehmen und die kalte Butter unter die Sauce rühren. Dann durch ein Sieb streichen, die Zwiebelreste entsorgen und den fein geriebenen Meerrettich, Zitronenabrieb und -saft sowie Brunnenkresse hinzufügen. Von Meerrettich und Brunnenkresse ein wenig zum Anrichten zur Seite stellen. Die Sauce mit Salz und Pfeffer abschmecken.

SERVIEREN

Die Vögel in Brust und Keulen zerlegen, dann Haut und Knochen entfernen. Zurück in den Topf geben, die Buttersauce darübergießen und mit geriebenem Meerrettich und Brunnenkresse bestreuen. Den Fleischtopf dann zusammen mit dem pochierten Gemüse auf dem Tisch servieren.

WALDTAUBE, IM SCHMORTOPF GEBRATEN, MIT WEINBLÄTTERN, WEINTRAUBEN & FEIGEN

ZUTATEN

4 Waldtauben
4 Zweige Rosmarin
4 Zweige Thymian
Abrieb von 1 unbehandelten Zitrone
Abrieb von 1 unbehandelten Orange
20 g Butter
12 Weinblätter
200 ml Balsamicoessig
24 Perlzwiebeln, geschält
24 rote kernlose Weintrauben
4 frische Feigen
4 getrocknete Feigen
Salz
frisch gemahlener Pfeffer

TEIGBAND

100 g Weizenmehl + etwas zusätzlich für die Arbeitsfläche
2 Eier + etwas zusätzlich zum Bestreichen
2 EL Wasser
1 TL Salz

Den Ofen auf 180 °C vorheizen. Tauben von eventuell vorhandenen Federresten und Innereien befreien. Rosmarin und Thymian grob hacken, dann mit Zitronen- und Orangenabrieb und der Butter vermischen. Die Außen- und Innenseite der Tauben mit der Mischung einreiben. Jede einzeln in Weinblätter einwickeln und zusammen mit den übrigen Zutaten in einen Schmortopf geben. Mit Salz und Pfeffer würzen und einen Deckel auf den Topf setzen.

TEIGBAND

Alle Zutaten zu einem geschmeidigen Teig verkneten. Die Arbeitsfläche mit ein wenig Mehl bestauben und den Teig mithilfe eines Rollholzes auf eine Dicke von etwa 2 mm ausrollen. Daraus ein 4 cm breites und 40–50 cm langes Band schneiden, je nachdem, wie groß der Schmortopf ist.

Das Teigband mit Ei bepinseln und die Nahtstelle zwischen Topf und Deckel damit so bedecken, dass der Schmortopf vollständig verschlossen ist. Den Topf dann für 12–14 Minuten in den Ofen geben. Herausnehmen und 10 Minuten ruhen lassen. Anschließend den Deckelrand aufbrechen.

SERVIEREN

Die Tauben im Ganzen im Topf servieren und anschließend halbieren. Am besten den Kürbisrisotto mit gebackenen Maronen (siehe Seite 143) dazu reichen.

WALDTAUBE IN RAGOUT MIT TOTENTROMPETEN & KARTOFFELPÜREE

ZUTATEN

4 Waldtauben, gerupft
2 EL Olivenöl
Salz
frisch gemahlener Pfeffer
100 g geräucherter Bacon
250 g Totentrompeten oder andere Pilze
400 ml Portwein
20 große Backpflaumen ohne Stein
60 g Rosinen
20–30 rote Weintrauben + einige kleine Zweige zusätzlich zum Dekorieren
1 Bund Thymian, Blätter gehackt
60 g Preiselbeeren aus dem Glas

KARTOFFELPÜREE
2 kg Spargelkartoffeln
500 g Butter, gewürfelt
100–200 ml Milch
Salz
frisch gemahlener Pfeffer

Den Ofen auf 180 °C vorheizen. Die Tauben von eventuell vorhandenen Federresten und Innereien befreien. Die Vögel in einem Bräter von allen Seiten in Öl anbraten, mit reichlich Salz und Pfeffer würzen und anschließend herausnehmen. Den Bacon in Streifen schneiden und im Bräter goldbraun braten. Die Pilze putzen, nach Bedarf klein schneiden und zugeben. Sobald es zu duften beginnt, Portwein, Backpflaumen und Rosinen hinzufügen. Die Vögel darauflegen, den Topf abdecken und für 10–12 Minuten in den Ofen geben. Anschließend den Topf aus dem Ofen holen, die Tauben herausnehmen und 10 Minuten ruhen lassen. Die verbliebene Flüssigkeit mit den Pilzen einkochen lassen.

Inzwischen die Trauben halbieren und die Kerne entfernen. Trauben, Thymian sowie die Preiselbeeren erst kurz vor dem Servieren unterrühren.

KARTOFFELPÜREE

Die Kartoffeln schälen und bei sehr schwacher Temperatur in einem Topf mit kaltem Wasser auf den Herd stellen. Dann 1 Stunde stehen lassen. Dies bewirkt, dass die Stärke aus den Kartoffeln austritt. Danach das Wasser abgießen, die Kartoffeln abwaschen, in frisches Wasser geben und komplett weich kochen. Mit einem Kartoffelstampfer zu Püree verarbeiten, dann Butter und Milch unterrühren. Mit Salz und Pfeffer abschmecken.

Tipp: Ist das Püree zu fest, einfach etwas Kochwasser unterrühren, bis es die gewünschte Konsistenz hat.

SERVIEREN

Die Vögel in Brustfleisch und Keulen zerteilen und das Fleisch auf Tellern anrichten. Etwas von dem Ragout aus dem Topf darauf verteilen und mit ein paar Zweigen ganzer Trauben dekorieren. Das Kartoffelpüree separat reichen.

VORNEHMER BESUCH

Mein Wildhändler ist am Telefon. Offenbar hat es einen fantastischen Jagdsonntag gegeben, und er bietet mir begeistert 21 Schnepfen, 54 Fasane, 19 Wildenten und 2 Krickenten an.

»Kannst du irgendetwas davon brauchen?«, fragt er. Meine Gedanken überschlagen sich, ich muss zugeben, dass mir nicht jeden Tag so viele Schnepfen angeboten werden. Daher fällt meine Wahl natürlich auf sie.

Während ich darauf warte, dass er mir meinen gerade erworbenen Schatz bringt, streife ich ein wenig rastlos im Restaurant umher. Und stelle fest, dass ich mit meinen Schnepfen »geizig« werde.

Nicht nur, weil es schwierig ist, so viele Schnepfen auf einmal zu bekommen. Schnepfen sind klein und flink, sie fliegen tief und »hüpfen« die ganze Zeit in der Luft auf und ab, daher bekommen sie nur sehr tüchtige und glückliche Jäger ins Visier. Normalerweise möchten die Jäger sie daher gerne für die eigene Küche behalten, denn ihr Geschmack ist einzigartig. Die Schnepfe ist der Wildvogel mit dem kräftigsten Aroma.

Es soll Tradition sein, dass der stolze Jäger, der seine erste Schnepfe erlegt hat, diese »hinten« küssen muss.

Eine andere Tradition besagt, dass die erste Schnepfe, die in der Saison geschossen wird, der Königin gehört.

Und während ich nun in meinem Restaurant auf und ab laufe, überlege ich ernsthaft, mir den Abend freizunehmen und stattdessen meine engsten Freunde zum Essen einzuladen, um ihnen so etwas Vornehmes wie frisch gebratene Schnepfen aufzutischen ...

GEBRATENE SCHNEPFE MIT TANNENGRÜN

ZUTATEN

4 Schnepfen mit Innereien
1 EL Olivenöl
1 Schalotte, fein gehackt
12 Wacholderbeeren, zerstoßen
4 Zweige Rosmarin, Blätter gehackt
Salz
frisch gemahlener Pfeffer
100 ml Birnenbrand
100 g weiche Butter
1 Bund unbehandelte Edeltanne
grobes Salz zum Dekorieren

Den Ofen auf 200 °C vorheizen. Die Schnepfen von eventuell vorhandenen Federresten befreien. Die Innereien herausnehmen, mit einem Messer grob hacken und in einem kleinen Topf in Öl anbraten. Dann Schalotte, Wacholderbeeren, Rosmarin, Salz und Pfeffer hinzufügen und mit dem Birnenbrand flambieren (siehe Seite 13). Die Farce in die ausgenommenen Schnepfen füllen und mit einem Zahnstocher oder einer Fleischnadel verschließen. Die Vögel anschließend mit Butter einreiben und mit Salz und Pfeffer würzen.

Die Schnepfen in einen Bräter legen und die Tannenzweige darunter, darüber und rundherum hineinschichten. Den Topf mit einem Deckel verschließen, in den Ofen stellen und die Vögel 15 Minuten garen. Herausnehmen und vor dem Servieren 5 Minuten ruhen lassen.

SERVIEREN

Den Topf auf den Tisch stellen und mit Salz bestreut servieren. Am besten grobes Püree mit Petersilie (siehe Seite 108) und Nüsse mit bitteren Wintersalaten (siehe Seite 122) dazu reichen.

SCHNEPFENTOAST »STRAIGHT FORWARD«

ZUTATEN

4 Schnepfen mit Innereien
2 Schalotten
2 Knoblauchzehen
4 Zweige Rosmarin, Nadeln abgezupft
Butter zum Anbraten
Salz
frisch gemahlener Pfeffer
10 ml Cognac
100 g weiche Butter
4 Scheiben Brot vom Vortag
grobes Salz

Den Ofen auf 180 °C vorheizen. Die Schnepfen von eventuell vorhandenen Federresten befreien. Die Innereien herausnehmen und mit einem Messer grob hacken. Dann die Schalotten und eine Knoblauchzehe schälen und fein hacken. Den Rosmarin ebenfalls fein hacken, zuvor einige Nadeln zur Seite stellen. Alles zusammen in Butter goldbraun anschwitzen. Dann die Innereien zugeben und gut mit Salz und Pfeffer würzen. Sobald es zu duften beginnt, mit dem Cognac flambieren (siehe Seite 13). Die Schnepfen mit der weichen Butter einreiben, mit Salz und Pfeffer würzen und im Ofen 12 Minuten garen.

Die Vögel vor dem Aufschneiden 10 Minuten ruhen lassen. Dann die Brotscheiben in Butter goldbraun braten, die zweite Knoblauchzehe schälen, halbieren und die Brotscheiben damit einreiben. Jede Scheibe Brot mit der Innereienfarce bestreichen.

SERVIEREN

Die Schnepfen in Brust- und Keulenfleisch teilen und auf den mit der Farce bestrichenen Brotscheiben anrichten. Mit einigen Rosmarinnadeln und grobem Salz bestreut servieren.

BEILAGEN

Wie wählt man die perfekte Beilage aus?

Es ist immer wichtig, sich inspirieren zu lassen, wenn man einkaufen geht. Schauen Sie nach guten Angeboten oder frischen Zutaten, die gerade auf dem Saisonkalender stehen. Oder lassen Sie sich von Düften, Aromen, Formen und Farben inspirieren, die Ihnen in den Regalen der Supermärkte oder bei Ihrem Gemüsehändler begegnen. Man muss ein Rezept oder ein Kochbuch nicht sklavisch befolgen. Es lohnt sich nicht, für einen Salat Birnen einzukaufen, wenn die Früchte nicht schön aussehen und kein Aroma haben. Wenn also die Birnen wegfallen, suchen Sie nach guten Ersatzzutaten und lassen Sie Ihre Wahl den neuen Begleiter für das Gericht sein.

In diesem Buch biete ich viele unterschiedliche Beilagen an – oder Garnituren, wie es in der Küchensprache heißt: von Salaten und Gemüsegerichten bis hin zu Eingekochtem und Eingelegtem. Die Garnituren kann man nach Lust und Laune mischen oder auch einzeln servieren. Sämtliche Beilagen passen zu allen Gerichten, die diesen tiefen Wildgeschmack haben. Gehen Sie also endlich auf Jagd in diesem Buch und lassen Sie sich von den verschiedenen Beilagen inspirieren. Grenzen setzen nur Ihre Fantasie und die Zutaten, die gerade Saison haben.

KARTOFFELN

Als ich klein war, wunderte ich mich immer über die Erwachsenen, die so eifrig darauf aus waren, die ersten neuen dänischen Kartoffeln zu bekommen.

Sie waren geradezu euphorisch, wie wunderbar lecker diese kleinen frischen Kartoffeln schmeckten. Und wer Küchendienst hatte, schwärmte fortwährend, wie leicht die Schale abging; fast wie von selbst, nur durch Abschrubben unter dem Wasserhahn.

Damals verstand ich diese nostalgische nationale Freude über eine Zutat, die Jahr für Jahr ihren Einzug auf den dänischen Esstischen hielt, nicht. Ich konzentrierte mich mehr auf das, was meiner Meinung nach die Hauptsache war, nämlich das Fleisch oder der Braten.

Als Kind stand ich auf Fleisch in großen Mengen und ließ in der Regel den Beilagen nicht besonders viel Aufmerksamkeit zukommen. Gemüse vermied ich nach Möglichkeit ganz. Ich war ein Fleischjunkie! Und als solcher konnte ich nur mit leeren Versprechungen dazu gebracht werden, meine Kartoffeln aufzuessen. Das kam aber äußerst selten vor. Man kann darüber spekulieren, ob die vielen Fleischproteine, die ich als Kind in mich hineinstopfte, der Grund dafür sind, dass ich heute damit prahlen kann, in meinem Pass eine Körpergröße von 2 Metern stehen zu haben.

Heute ist es genau umgekehrt. Ich hatte meine Beefsteaks! Jetzt bin ich alt genug, um mich auch über den Geschmack der neuen dänischen Kartoffeln zu freuen.

Ich muss gestehen, dass sie beinahe magisch schmecken. Es hat fast etwas Religiöses, die allerersten Kartoffeln serviert zu bekommen. Diese kleinen Knollen sind dann schlicht der Mittelpunkt der Mahlzeit.

Die neuen Kartoffeln haben wir ja leider nicht das ganze Jahr über, daher kann auch nur der Rehbock seinen Topf mit ihnen teilen. Natürlich sind neue Kartoffeln etwas Wunderbares, aber das bedeutet nicht, dass wir nicht auch tolle Beilagen aus den Kartoffeln des Spätherbstes zubereiten können.

Denn aufgrund des etwas fortgeschritteneren Alters haben die Herbstkartoffeln eine Konsistenz und eine Größe, durch die sie sich für mehr Zubereitungsarten als nur fürs Kochen eignen.

ANNAKARTOFFELN

ZUTATEN

8 große Kartoffeln
4 Schalotten, fein geschnitten
2 Knoblauchzehen, fein geschnitten
2 Zweige Salbei, Blätter fein gehackt
750 g geklärte Butter
Abrieb von 1 unbehandelten Zitrone
etwas Muskatnuss, frisch gerieben
Salz
frisch gemahlener Pfeffer
Butter zum Einfetten
grobes Salz zum Dekorieren

Siehe Bild auf Seite 106–107.
Mit diesem Rezept sollte man 1 Tag vor dem Verzehr beginnen.

TAG 1
Den Ofen auf 180 °C vorheizen. Die Kartoffeln schälen und auf einem Gemüsehobel in feine Scheiben schneiden. Die Schalotten, den Knoblauch und den Salbei in etwas geklärter Butter braten, ohne dass sie Farbe nehmen. Den Rest der Butter, Zitronenabrieb, etwas Muskatnuss und Salz sowie reichlich Pfeffer hinzufügen.

Die Kartoffelscheiben in eine gefettete feuerfeste Form geben, sodass sie sich überlappen. Zwischen die Kartoffellagen jeweils eine Schicht Zwiebel-Butter-Masse auftragen und mit Kartoffelscheiben abschließen. 1 Stunde im vorgeheizten Ofen backen.

Die Kartoffeln herausnehmen, einen schweren Gegenstand, zum Beispiel einen Topf, daraufstellen, sodass die überflüssige Butter über die Seiten der Form herausläuft. Dann die Form über Nacht kalt stellen.

TAG 2
Die Kartoffeln vorsichtig und in einem Stück herausnehmen. In Sticks von 5 cm Länge und 2 cm Breite schneiden. Diese in einer antihaftbeschichteten Pfanne goldbraun braten. Vor dem Servieren auf Küchenkrepp abtropfen lassen und mit etwas grobem Salz bestreuen.

KNUSPRIGE STREICHHOLZKARTOFFELN, SEITE 109

GROBES PÜREE MIT PETERSILIE, SEITE 108

BRATKARTOFFELN AUS ROHEN KARTOFFELN MIT ENTENFETT UND FRISCHEN KRÄUTERN, SEITE 109

ANNAKARTOFFELN, SEITE 105

GROBES PÜREE MIT PETERSILIE

ZUTATEN

4 große Kartoffeln
100 ml Olivenöl
100 g Butter, gewürfelt
1 großes Bund glatte Petersilie, Blätter gehackt
etwas Muskatnuss, frisch gerieben
Salz
frisch gemahlener Pfeffer

Siehe Bild auf Seite 106–107.

Den Ofen auf 180 °C vorheizen. Die Kartoffeln waschen, in Alufolie einwickeln und etwa 1 Stunde backen, bis sie gar sind.

Dann die weichen Kartoffeln längs halbieren und mithilfe eines kleinen Löffels aushöhlen. Die Kartoffelmasse mit einer Gabel zusammen mit Olivenöl, Butterwürfeln und der Petersilie zerdrücken. Zum Schluss mit Muskat, Salz und frisch gemahlenem Pfeffer abschmecken.

BRATKARTOFFELN AUS ROHEN KARTOFFELN MIT ENTENFETT & FRISCHEN KRÄUTERN

ZUTATEN

20 Spargelkartoffeln
180 g Entenfett
8 Knoblauchzehen, in Spalten
½ Knoblauchknolle
2 Zweige Thymian
2 Zweige Rosmarin
8 Salbeiblätter
Salz
frisch gemahlener Pfeffer

Siehe Bild auf Seite 106-107.

Die Kartoffeln mit einem Sparschäler schälen. Dann bei schwacher Temperatur im Entenfett zusammen mit den Knoblauchspalten, der halben Knoblauchknolle und den Kräutern braten. Die Kartoffeln sollen nur wenig Farbe annehmen. Gut mit Salz und Pfeffer würzen.

KNUSPRIGE STREICHHOLZKARTOFFELN

ZUTATEN

4 große Kartoffeln, geschält
1 l Traubenkernöl
feines Salz

Siehe Bild auf Seite 106-107.

Die Kartoffeln auf einem Gemüsehobel zu streichholzartigen Stäbchen verarbeiten und für 1 Stunde in kaltes Wasser einlegen. Anschließend mit einem Geschirrtuch vollständig trocken tupfen und in 180 °C heißem Öl 2–3 Minuten knusprig und goldgelb frittieren. Die Streichholzkartoffeln auf Küchenkrepp abtropfen lassen und mit feinem Salz bestreuen.

NEUE KARTOFFELN MIT SCHAFSKÄSE

ZUTATEN

200 g neue Kartoffeln
50 g Butter
Salz
frisch gemahlener Pfeffer
200 g Schafskäse
8 frische Morcheln
8 Champignons
2 EL Rapsöl + etwas zusätzlich zum Anbraten
4 Bärlauchblätter
4 Stiele Giersch, Blätter abgezupft
4 Zweige Taubnesseln, Blätter abgezupft
8 Schnittlauchblüten

Die Kartoffeln sehr weich kochen und pellen. Dann durch ein Sieb streichen, mit der Butter mischen und mit Salz und Pfeffer würzen. Den Schafskäse mit einem Käsehobel in acht dünne Scheiben schneiden.

Dann die Pilze in mundgerechte Stücke schneiden und in etwas Öl in einer Pfanne leicht anbraten, sodass sie keine Farbe nehmen. Kräuter und Schnittlauchblüten waschen, dann in Rapsöl marinieren.

Auf den Boden eines tiefen Tellers je eine Scheiben Käse legen, darauf einen Löffel Kartoffelpüree setzen und mit einer zweiten Käsescheibe belegen. Mit gebratenen Pilzen und den Kräutern garnieren.

HASSELBACK AUS ROSEVAL-KARTOFFELN

ZUTATEN

20 Roseval-Kartoffeln
180 g Entenfett oder Butter, zerlassen
Salz
frisch gemahlener Pfeffer
8 Wacholderbeeren, zerstoßen
½ Muskatnuss, frisch gerieben
1 Zweig Rosmarin, Blätter fein gehackt + etwas zusätzlich zum Dekorieren
2 Zweige Thymian, Blätter fein gehackt
grobes Salz zum Dekorieren

Den Ofen auf 180 °C vorheizen. Die Kartoffeln gründlich waschen und mit einem scharfen Messer mehrfach bis zur Mitte einschneiden.

Das Entenfett mit Salz, Pfeffer, Wacholderbeeren, Muskatnuss, Rosmarin und Thymian würzen. Die Kartoffeln in dem aromatisierten Entenfett wenden und im Ofen etwa 40 Minuten gar und knusprig backen. Mit einigen Rosmarinnadeln sowie grobem Salz garnieren.

CREMIGE KARTOFFELN

ZUTATEN

8 große Kartoffeln
½ l Schlagsahne
200 g Crème fraîche (mind. 30 % Fettgehalt)
200 g Parmesan, gerieben
2 Knoblauchzehen, gepresst
1 Muskatnuss, fein gerieben
Abrieb von 1 unbehandelten Zitrone
8 Zweige Thymian, Blätter fein gehackt + etwas zusätzlich zum Dekorieren
Salz
frisch gemahlener Pfeffer
5 EL Semmelbrösel

Den Ofen auf 180 °C vorheizen. Die Kartoffeln schälen und auf einem Gemüsehobel in dünne Scheiben schneiden. Diese 1 Minute in kochendem Wasser blanchieren und mit kaltem Wasser abwaschen.

Die Sahne aufkochen und Crème fraîche sowie Parmesan einrühren. Die Masse mit Knoblauch, Muskatnuss, Zitronenabrieb, Thymian, Salz und Pfeffer abschmecken.

Eine Schicht Kartoffeln in einer feuerfesten Form verteilen, darauf eine Schicht Creme geben und darauf wieder Kartoffeln schichten. Mit Creme abschließen und mit Semmelbröseln bestreuen. Die Form in den vorgeheizten Ofen geben und die Kartoffeln etwa 45 Minuten backen. Vor dem Servieren mit etwas Thymian und Salz bestreuen.

NEUE KARTOFFELN MIT RAUCHSALZ UND ZITRONENBUTTER

ZUTATEN

500 g neue Kartoffeln
Salz
Abrieb von 2 unbehandelten Zitronen
4 Zweige Rosmarin, Blätter fein gehackt
4 Zweige Thymian, Blätter fein gehackt
100 g Butter, gewürfelt
2 TL Rauchsalz
frisch gemahlener Pfeffer

Den Ofen auf 200 °C vorheizen. Die Kartoffeln unter Wasser abschrubben und in Salzwasser (7 g Salz auf 1 l Wasser) aufkochen. Den Topf vom Herd nehmen, sobald das Wasser kocht, und die Kartoffeln im heißen Wasser 8–10 Minuten »gar ziehen« lassen.

Das Kartoffelwasser abgießen und die Kartoffeln auf vier Stücke Backpapier verteilen, jedes 30 x 30 cm groß. Mit Zitronenabrieb, Kräutern sowie Butterwürfeln bestreuen und mit Rauchsalz und Pfeffer würzen. Das Backpapier um die Kartoffeln herumfalten, verschließen (nach Wunsch mit Tackernadeln) und die Päckchen für 15 Minuten in den Ofen geben oder direkt auf den Grillrost eines Kugelgrills legen.

Die fertigen Kartoffelpäckchen den Gästen ungeöffnet servieren, damit sich beim Öffnen direkt unter ihren Nasen der wunderbare Duft aus Rauch, Zitrone und Kräutern ausbreiten kann.

SALATE

Nun einige Vorschläge für leckere Salate, die sich als Beilage zu allen Gerichten eignen.

BUNTER KOHLSALAT MIT WALNUSSÖL

ZUTATEN

100 g Weißkohl
100 g Rotkohl
100 g Grünkohl
100 g Rosenkohl
100 g Blumenkohl
100 g Brokkoli
100 g Kohlrabi
Salz
50 g frischer Ingwer
etwas Zitronensaft
200 ml Walnussöl
1 Knoblauchzehe, fein gehackt
frisch gemahlener Pfeffer

Die Blattkohlsorten in einzelne Blätter zerlegen und eventuell in mundgerechte Stücke rupfen. Die Kohlröschen sowie den Kohlrabi auf einem Gemüsehobel in hauchdünne Scheiben schneiden. Die Kohlsorten getrennt halten, leicht salzen und 1 Stunde durchziehen lassen. Währenddessen den Ingwer schälen, fein reiben, mit Zitronensaft, Walnussöl und Knoblauch mischen und mit Salz und Pfeffer abschmecken.

Alle Kohlsorten mit der Marinade vermengen und vor dem Servieren 10 Minuten ziehen lassen.

GRÜNER HERBSTSALAT MIT TANNENGRÜN, SEITE 121

MARONENSALAT MIT ZWIEBELN & BIRNEN, SEITE 121

NÜSSE MIT BITTEREN WINTERSALATEN, SEITE 122

SELLERIESALAT MIT GRÜNEN ÄPFELN, SAUERAMPFER & WALNÜSSEN, SEITE 123

GRÜNER HERBSTSALAT MIT TANNENGRÜN

ZUTATEN

200 g gemischte Salate (z. B. Frisée, Römersalat, Chicorée oder Feldsalat), zerpflückt
100 g Tannennadeln von ungespritzten Edeltannen
100 g glatte Petersilie
200 ml Traubenkernöl
2 EL weißer Balsamicoessig
Salz
frisch gemahlener Pfeffer
etwas frisch gepresster Zitronensaft

Siehe Bild auf Seite 120.

Die Salate gründlich unter fließendem kaltem Wasser waschen und abtropfen lassen. Tannennadeln und Petersilienblätter kurz in kochendem Wasser blanchieren und sofort in Eiswasser abschrecken. Dann das überschüssige Wasser herausschütteln und mit dem Öl in einem Mixer pürieren. Das Würzöl durch ein feines Sieb streichen und mit Balsamicoessig, Salz, Pfeffer und frisch gepresstem Zitronensaft abschmecken. Die Salate mit der Vinaigrette vermischen.

MARONENSALAT MIT ZWIEBELN & BIRNEN

ZUTATEN

1 kg Maronen
500 g grobes Salz
100 ml Olivenöl
100 ml Balsamicoessig
Salz
frisch gemahlener Pfeffer
4 Stauden Chicorée (oder Endiviensalat)
2 Birnen
1 Bund glatte Petersilie
2 Schalotten

Siehe Bild auf Seite 120.

Den Ofen auf 200 °C vorheizen. Alle Maronen kreuzweise einschneiden, in einer feuerfesten Form auf ein Bett aus grobem Salz setzen und im Ofen 20 Minuten backen. Die Maronen abkühlen lassen, schälen und häuten. Anschließend grob hacken, Olivenöl und Balsamicoessig untermengen und mit Salz und Pfeffer bestreuen.

Die äußersten Blätter des Chicorées entfernen und den Rest längs achteln. Die Birnen schälen, ebenfalls längs achteln und die Kerngehäuse entfernen. Die Petersilienblätter abzupfen, in feine Streifen schneiden und die Schalotten schälen und fein hacken.

Kurz vor dem Servieren Chicorée, Birnen, Petersilie und Schalotten mit den Maronen vermischen.

NÜSSE MIT BITTEREN WINTERSALATEN

ZUTATEN

4 Stauden weißer Chicorée
4 Stauden roter Chicorée
1 Kopf Friséesalat (so hell wie möglich)
12–20 Löwenzahnblätter
250 g gemischte Nüsse (z. B. Haselnüsse, Walnüsse, Mandeln, Pistazien, Cashewkerne, Erdnüsse)
250 g Butter
100 ml Sojasauce
Saft von 1 Orange
Saft von 1 Zitrone

Siehe Bild auf Seite 120.

Die Salate in Blätter zerpflücken, gut unter kaltem Wasser waschen und abtropfen lassen. Die Nüsse grob hacken, in einer trockenen Pfanne goldbraun anrösten und abkühlen lassen. Dann die Butter in einem Topf zerlassen, bis sie hellbraun wird und leicht nussig duftet. Sojasauce sowie Orangen- und Zitronensaft zugeben und die Sauce durch ein Sieb über die Nüsse abseihen.

Die aromatisierten Nüsse abkühlen lassen, bis man sich nicht mehr daran verbrennt, anschließend über die Salatblätter geben, vermengen und sofort servieren.

SELLERIESALAT MIT GRÜNEN ÄPFELN, SAUERAMPFER & WALNÜSSEN

ZUTATEN

2 pasteurisierte Eigelb
1 EL Dijonsenf
Salz
frisch gemahlener Pfeffer
2 EL Walnussöl
100 ml Traubenkernöl
2 EL Crème fraîche (mind. 30 % Fettgehalt)
etwas Zitronensaft
1 Knolle Sellerie
6 Sauerampferblätter
2 grüne Äpfel
20 g Walnusskerne

Siehe Bild auf Seite 120.

Eigelb mit Senf sowie Salz und Pfeffer verrühren. Nach und nach die beiden Ölsorten unter ständigem Rühren mit einem Schneebesen unterziehen. Sobald die Masse homogen ist, die Crème fraîche unterheben. Mit Salz, Pfeffer und einem Hauch Zitronensaft abschmecken.

Dann den Sellerie schälen und in Julienne (streichholzartige Stäbchen) schneiden, zum Beispiel auf einem Gemüsehobel. Die Stäbchen in leicht gesalzenem Wasser etwa 1 Minute blanchieren, sofort in kaltem Wasser abschrecken, gut abtropfen lassen und in der Creme wenden. Vor dem Servieren mindestens 1 Stunde ziehen lassen.

In der Zwischenzeit die Sauerampferblätter waschen und klein schneiden. Die Äpfel schälen, Kerngehäuse entfernen, ebenfalls in Julienne schneiden und mit etwas Zitronensaft beträufeln. Die Walnüsse in einer trockenen Pfanne goldgelb rösten.

Äpfel, Walnüsse und Sauerampfer kurz vor dem Anrichten mit dem Sellerie vermischen.

ROTE-BETE-ZIGARREN MIT BACKPFLAUMEN & PREISELBEEREN

ZUTATEN

BACKPFLAUMENPÜREE
20 Backpflaumen ohne Stein
100 ml Portwein
100 ml Balsamicoessig
Salz
frisch gemahlener Pfeffer

ROTE-BETE-ZIGARREN
2 sehr große, dicke und lange Rote Beten
Salz
2 EL Olivenöl
frisch gemahlener Pfeffer
40 g Preiselbeeren, aus dem Glas
12 Zweige von Küchenkräutern (z. B. roter Sauerampfer oder Waldsauerklee)
grobes Salz zum Dekorieren

Ergibt 12 Stück

BACKPFLAUMENPÜREE

Die Backpflaumen in Portwein etwa 2 Minuten dünsten, bis sie sehr weich sind. Dann die Pflaumen erst im Mixer pürieren und anschließend durch ein Sieb streichen. Mit Balsamicoessig, Salz und Pfeffer abschmecken.

ROTE-BETE-ZIGARREN

Die Roten Beten schälen und auf einem Gemüsehobel längs in sehr dünne Scheiben schneiden. Die Scheiben dann so zurechtschneiden, dass sie ganz gerade Kanten haben. In leicht gesalzenem Wasser etwa 2 Minuten blanchieren und in kaltem Wasser abschrecken.

Die Scheiben in einem Sieb abtropfen lassen, dann mit Olivenöl einreiben und mit Salz und Pfeffer würzen. Anschließend mit dem Backpflaumenpüree als Füllung wie Zigarren aufrollen.

Die Rote-Bete-Rollen auf einer Platte anrichten und mit Preiselbeeren sowie Kräutern garnieren. Zum Schluss etwas grobes Salz aufstreuen.

ROTE-BETE-SALAT MIT SÄUERLICHEN ROSINEN & ROTEN TRAUBEN, SEITE 127

WARMER SALAT MIT WEISSEN BOHNEN, SENF & ZITRONE, SEITE 128

LINSENSALAT MIT BLAUSCHIMMELKÄSE & BACKPFLAUMEN, SEITE 129

GRÜNKOHLSALAT MIT MANDELN & PETERSILIE, SEITE 129

ROTE-BETE-SALAT MIT SÄUERLICHEN ROSINEN & ROTEN TRAUBEN

ZUTATEN

50 g Rosinen
100 ml Balsamicoessig
2 EL Olivenöl
Salz
frisch gemahlener Pfeffer
4 Rote Beten
250 g rote Weintrauben
8 eingelegte Weinblätter + 1 Blatt zusätzlich zum Anrichten
1 Zweig Rosmarin, Blätter fein gehackt + etwas zusätzlich zum Dekorieren
Salzflocken

Siehe Bild auf Seite 126.

TAG 1
Die Rosinen über Nacht in Balsamicoessig, Olivenöl und etwas Salz und Pfeffer einlegen.

TAG 2
Die Roten Beten schälen und auf einem Gemüsehobel in dünne Scheiben schneiden. Die Weintrauben halbieren und die Kerne entfernen. Dann die Rote-Bete-Scheiben mit den eingelegten Rosinen in der Balsamicomarinade, den Weintrauben, nach Belieben klein gezupften Weinblättern und Rosmarin vermischen. Vor dem Servieren 30 Minuten durchziehen lassen.

Den Salat auf einem Weinblatt anrichten und kurz vor dem Servieren mit Salzflocken, Pfeffer und einigen frischen Rosmarinnadeln bestreuen.

WARMER SALAT MIT WEISSEN BOHNEN, SENF & ZITRONE

Siehe Bild auf Seite 126.

ZUTATEN

200 g getrocknete weiße Bohnen
50 g geräucherter Bacon, grob gewürfelt
Salz
1 Bund glatte Petersilie
2 Schalotten
2 EL grober Dijonsenf
90 g Entenfett, zerlassen
etwas Zitronensaft
frisch gemahlener Pfeffer
1–2 Scheiben einer unbehandelten Zitrone zum Dekorieren
rote Pfefferbeeren zum Dekorieren
einige Perlzwiebel-Schiffchen
grobes Salz zum Dekorieren

Die getrockneten Bohnen mindestens 8 Stunden in Wasser einweichen. Dann zusammen mit den Baconwürfeln in leicht gesalzenem Wasser weich kochen. Die Petersilienblätter abzupfen und fein hacken, die Schalotten schälen und fein schneiden.

Die fertig gekochten Bohnen abgießen und mit Petersilie, Schalotten, grobem Senf und Entenfett vermengen. Mit Zitronensaft, Salz und Pfeffer abschmecken.

Den Bohnensalat anrichten und mit Zitronenscheiben, einigen roten Pfefferbeeren, Perlzwiebel-Schiffchen sowie etwas grobem Salz dekorieren und sofort servieren.

LINSENSALAT MIT BLAUSCHIMMELKÄSE & BACKPFLAUMEN

ZUTATEN

200 g grüne Linsen
Salz
200 ml Olivenöl + etwas zusätzlich zum Beträufeln
100 ml Balsamicoessig
frisch gemahlener Pfeffer
20 Backpflaumen ohne Stein
100 ml Portwein
100 g Feldsalat
1 Bund glatte Petersilie
100 g Blauschimmelkäse (z. B. Roquefort)

Siehe Bild auf Seite 126.

Die Linsen in leicht gesalzenem Wasser weich kochen. Dann das Wasser abgießen und die Linsen mit Olivenöl und Balsamicoessig marinieren. Mit Salz und Pfeffer abschmecken.
In der Zwischenzeit die Backpflaumen etwa 2 Minuten in Portwein dünsten und danach ein wenig abkühlen lassen.

Den Feldsalat waschen und die Petersilienblätter abzupfen. Die Linsen auf einer flachen Platte ausbreiten. Backpflaumen und zerbröselten Blauschimmelkäse darauf verteilen. Dann Salat und Petersilienblätter daraufgeben, mit Olivenöl beträufeln und servieren.

GRÜNKOHLSALAT MIT MANDELN & PETERSILIE

ZUTATEN

1 kg Grünkohl
Salz
1 großes Bund glatte Petersilie
200 g ganze geschälte Mandeln
1–2 Knoblauchzehen, geschält
200 ml Olivenöl
etwas Zitronensaft
frisch gemahlener Pfeffer
Mandelblättchen zum Dekorieren

Siehe Bild auf Seite 126.

Den Grünkohl zupfen und waschen, dann in leicht gesalzenem Wasser 1–2 Minuten kochen, sodass die Blätter immer noch Struktur und Biss haben.

In der Zwischenzeit die Petersilienblätter abzupfen und mit Mandeln, Knoblauch und Olivenöl mixen, dann mit Zitronensaft, Salz und Pfeffer abschmecken.

Vor dem Anrichten die Grünkohlblätter in der Creme wenden und mit einigen Mandelblättchen bestreut servieren.

WILDKRÄUTER

Auch draußen in der wilden Natur kann man Zutaten für die Salatschüssel finden, wenn man nur die Augen offen hält. Sie sagen: »Unkraut!«. Ich sage: »Lecker im Salat!« – und dabei suche ich nach den Arten, die roh verwendet werden können:

BRENNNESSEL
Die Brennnessel schmeckt nicht nur gut, sie ist auch die perfekte »Naturmedizin«, denn sie wirkt sowohl blutreinigend als auch harntreibend. Pflücken Sie die kleinen, noch nicht geöffneten Triebe im Frühjahr oder warten Sie bis zum Herbst, wenn die Nesseln erneut austreiben.
Brennnesseltee: Die kleinen Triebe waschen, mit kochendem Wasser begießen, etwa 5 Minuten ziehen lassen und dann abseihen.
Trinken Sie den Brennnesseltee ruhig täglich, ich versichere Ihnen, Sie fühlen sich voller Energie und bekommen einen wunderbar klaren Kopf.

GIERSCH
Pflücken Sie nur die ganz jungen Triebe, denn diese schmecken ein wenig wie Spitzkohl. Schnell füllt sich so eine Salatschüssel mit ganz vielen Vitaminen.

LÖWENZAHN
Die kleinen, dünnen Blätter schmecken am besten, da sie noch nicht so bitter sind wie die großen. In Frankreich kann man frischen Löwenzahn in ganz normalen Lebensmittelgeschäften kaufen. Es ist eine Schande, dass das nicht überall so ist, denn mit einer Essig-Öl-Vinaigrette und ein paar Ziegenkäsekrümeln schmecken die Blätter einfach nur fantastisch!

GÄNSEFUSS
Eine Pflanze, die wild zwischen Gemüse und Kräutern im Kräutergarten wächst. Die Blätter können roh gegessen oder wie Spinat verarbeitet werden.

VOGELMIERE
Ihr Name stammt von der Tatsache, dass sie seit jeher unser freilaufendes Geflügel ernährte. Die kleinen, knackigen Triebe peppen jeden Salat auf.

BÄRLAUCH
Pflücken Sie ihn selbst, er ist ganz leicht zu finden. Folgen Sie einfach dem starken Knoblauchgeruch im Wald. Bärlauch sollte in Maßen verwendet werden, da er sonst leicht alle Aufmerksamkeit auf sich zieht. Am besten ganz fein schneiden und erst kurz vor dem Servieren unter den Salat heben. Aber Vorsicht: Verwechseln Sie den Bärlauch nicht mit den (giftigen) Maiglöckchen.

WALDMEISTER
Ein sehr hübsches Kraut mit einem beinahe marzipanartigen Aroma. In einigen Ländern trinkt man traditionell Maibowle, ein Getränk aus Weißwein, der den ganzen April über mit klein geschnittenem Waldmeister durchzieht. Am 1. Mai genießt man den Wein dann gekühlt mit Familie und Freunden.

KNOBLAUCHSRAUKE
Die Pflanze riecht nach Zwiebeln, die Blätter sind herzförmig und leicht glänzend, und sie blüht im Mai und Juni. Die feinen weißen Blüten können – sparsam verwendet – einen Salat dekorativ verschönern. Die Blätter schmecken leicht pfeffrig. Ein ziemlich männlicher Salattyp also.

SÜSSDOLDE/ MYRRHENKERBEL
Diese Pflanze kam zusammen mit den Mönchen, die uns das Christentum näherbringen sollten, nach Skandinavien. Sie wächst wild in der Nähe von Eisenbahngleisen oder entlang natürlicher Hecken.
Das Kraut hat ein anisähnliches Aroma, besonders die Samenkapseln sind eine Delikatesse für Gourmets. Sie explodieren beinahe vor Kraft, wenn man auf sie beißt.

WALDSAUERKLEE
Einer meiner absoluten Lieblingskräuter. Man sollte sich immer die Zeit nehmen, einen kleinen Strauß zu pflücken, wenn man in den Wald geht.
Das kleine kleeblattförmige Kraut mit dem roten Stängel verleiht allen Salaten einen Hauch von Säure.

UNKRAUTSALAT

ZUTATEN

500 g frisch gepflückte Wildkräuter nach Geschmack

VINAIGRETTE
1 EL Dijonsenf
4 EL Rapsöl
2 EL Zitronensaft
Salz
frisch gemahlener Pfeffer

Die Kräuter gründlich waschen und in einem Sieb abtropfen lassen oder in die Salatschleuder geben. Dann in mundgerechte Stücke zupfen.

Für die Vinaigrette Dijonsenf und Rapsöl in einer Schale verrühren und mit Zitronensaft, Salz und Pfeffer abschmecken.

Die Kräuter erst kurz vor dem Servieren damit vermengen.

GEMÜSE

Ich habe Fleisch immer geliebt – Fleisch, Fleisch und nochmals Fleisch. Jedoch muss ich, wie schon erwähnt, einräumen, dass ich Gemüse und Obst mehr zu schätzen weiß, je älter ich werde. Und wir kommen ja nicht umhin, dass es nicht nur gesünder, sondern auch aus ethischer Sicht besser und nachhaltiger ist, eine Mahlzeit mit Gemüse- und Obstbeilagen zu strecken.

Eine gute Mahlzeit muss nicht zwangsläufig aus einem ganzen Wildschwein ohne Beilagen bestehen, wie es bei *Asterix und Obelix* geschrieben steht.

Lassen Sie das Wildfleisch seinen Topf mit Herbstgemüse, Früchten und Beeren teilen!

GEBRATENES GEMÜSE MIT BACON, ZITRONE & MUSKAT

ZUTATEN

500 g geräucherter Bacon
1 kg Gemüse (z. B. Kürbis, Schwarzwurzeln, Karotten, Petersilienwurzeln, Kartoffeln, Schalotten, Lauch)
Salz
frisch gemahlener Pfeffer
½ Muskatnuss, frisch gerieben
Abrieb und Saft von 2 unbehandelten Zitronen
2 EL Honig
1 Knoblauchknolle, in Zehen zerteilt
Butter zum Einfetten
4 Zweige Thymian, Blätter abgezupft
4 Zweige Rosmarin, Blätter abgezupft
2 EL Olivenöl, Entenfett oder Butter

TAG 1

Den Bacon 30 Minuten in Wasser kochen. Mit einem Gewicht beschwert über Nacht abkühlen lassen.

TAG 2

Den Ofen auf 180 °C vorheizen. Den Bacon von Schwarte und gegebenenfalls Knorpeln befreien und anschließend in dünne Scheiben schneiden. Das Gemüse säubern und schälen, alles in einheitliche, große Stücke schneiden. Jedes Gemüse separat in leicht gesalzenem Wasser weich kochen.

Salz, Pfeffer, Muskatnuss, Zitronenabrieb und -saft sowie Honig vermischen und das Gemüse kräftig mit dieser Mischung marinieren. Eine Scheibe Bacon um jedes Gemüsestück wickeln und mit einem Zahnstocher befestigen. Die Knoblauchzehen schälen.

Das Gemüse in eine gefettete feuerfeste Form legen. Thymian, Rosmarin und Knoblauchzehen dazugeben und mit Olivenöl beträufeln. Die Form für 20–25 Minuten in den Ofen stellen. Danach kann das Gemüse serviert werden.

WEISSKOHL AM STÜCK MIT GESALZENEN ZITRONEN & BRAUNER BUTTER

ZUTATEN

½ Weißkohl
Saft und Schale von 2 unbehandelten Zitronen
1 EL Honig
1 TL Salz
250 g Butter
1 Bund Thymian
2 Knoblauchzehen
frisch gemahlener Pfeffer

Den Ofen auf 180 °C vorheizen. Die äußeren Blätter des Weißkohls entfernen und eine Scheibe von 4–5 cm Dicke abschneiden.

Den Zitronensaft mit Honig und Salz aufkochen. Die Zitronenschale in feine Streifen schneiden und dazugeben, bei niedriger Temperatur 2 Minuten köcheln lassen.

Die Butter in einem Topf erhitzen, bis sie hellbraun ist und leicht nussig duftet. Dann durch ein feines Sieb streichen. Die Blätter des Thymians abzupfen und hacken, dann zur Zitronen-Honig-Mischung geben. Den Knoblauch schälen, grob hacken, dann mit Pfeffer sowie gebräunter Butter hinzufügen. Etwas von der Mischung in einen Bräter mit Deckel geben. Danach den Kohlkopf und den Rest der Buttermischung hineingeben. Abgedeckt 30 Minuten im Ofen garen und anschließend sofort servieren.

GEBACKENE ZWIEBELN MIT RAUCHSALZ & SONNENBLUMENKERNEN

ZUTATEN

250 g geschälte Sonnenblumenkerne
1 Bund Thymian, Blätter gehackt
frisch gemahlener Pfeffer
1 EL Rauchsalz
500 g Butter oder Entenfett
4 große Zwiebeln

Die Sonnenblumenkerne in einer trockenen Pfanne rösten, bis sie eine goldbraune Farbe angenommen haben. Dann vom Herd nehmen, Thymian, Pfeffer und Rauchsalz dazugeben und in einem Mörser zu einer groben Masse zerstoßen.

Butter oder Entenfett zerlassen. Die Zwiebeln schälen, halbieren und im Fett etwa 15 Minuten weich garen. Anschließend auf Küchenkrepp abtropfen lassen.

Einen guten Löffel voll Sonnenblumenkernpüree auf jede Hälfte geben und die Zwiebeln servieren, solange sie noch heiß sind.

IN SALZ GEBACKENER TOPINAMBUR MIT HONIGBUTTER & ZITRONENTHYMIAN

ZUTATEN

HONIGBUTTER
250 g weiche Butter
2 EL Honig
Abrieb und Saft von
1 unbehandelten Zitrone
1 Bund Zitronenthymian, Blätter fein gehackt
Salz
frisch gemahlener Pfeffer

TOPINAMBUR
1 kg große Knollen Topinambur
2 kg grobes Salz

HONIGBUTTER

Die Butter mit Honig, Zitronenabrieb und Thymian vermischen. Mit Salz und Pfeffer und nach Geschmack einem Hauch Zitronensaft würzen.

Die Butter zu einer Rolle formen, in Folie einwickeln und vor dem Anrichten kühl stellen.

TOPINAMBUR

Den Ofen auf 160 °C vorheizen. Topinambur gründlich unter fließendem Wasser abbürsten. Den Boden einer feuerfesten Form mit einer gleichmäßigen Schicht grobem Salz bedecken und den Topinambur darauflegen, dann das restliche Salz darüberstreuen. Die Form in den Ofen stellen und 1 Stunde backen. Anschließend herausnehmen, 10 Minuten stehen lassen und den Topinambur vom Salz befreien. Lauwarm mit der Honigbutter servieren.

FLÜSSIGE POLENTA MIT PARMESAN & GEPOPPTEM MAIS

ZUTATEN

GEPOPPTER MAIS
100 ml Traubenkernöl
20 g Popcornmais
Salz

POLENTA
50 g Maismehl oder Polentagrieß
200 ml Milch
200 ml Schlagsahne
50 g Butter
Salz
200 g Parmesan, fein gerieben
frisch gemahlener Pfeffer
Parmesanspäne (optional)

GEPOPPTER MAIS

Das Traubenkernöl in einem Topf erhitzen und die Maiskörner darin mit aufgelegtem Deckel aufpoppen lassen. Mit reichlich Salz würzen und auf Küchenkrepp abtropfen lassen. Dann das Popcorn grob hacken.

POLENTA

Den Ofen auf 180 °C vorheizen. Maismehl oder Grieß, 100 ml Milch, die Schlagsahne und 25 g Butter in einen feuerfesten Topf geben und unter ständigem Rühren aufkochen. Mit Salz würzen. Dann den Topf mit Deckel für 1 Stunde in den Ofen geben. Anschließend herausnehmen und die restliche Milch und Butter hinzugeben.
Mit einem Schneebesen gut durchrühren und den Topf für weitere 30 Minuten in den Ofen stellen.
Den Topf anschließend herausnehmen, erneut mit dem Schneebesen durchrühren und den Parmesan zugeben. Mit Salz und Pfeffer abschmecken. Die frisch zubereitete Polenta mit dem knusprig gepoppten Mais und nach Belieben Parmesanspänen servieren.

KÜRBISRISOTTO MIT GEBACKENEN MARONEN

ZUTATEN

GEBACKENE MARONEN
250 g Maronen
500 g grobes Salz

KÜRBISRISOTTO
1 kg Kürbis
2 Schalotten, fein gehackt
2 Knoblauchzehen, gehackt
2 EL Olivenöl
200 g Risottoreis
100 g Parmesan, frisch gerieben + etwas zusätzlich zum Dekorieren (optional)
100 g kalte Butter, gewürfelt
Salz
frisch gemahlener Pfeffer
etwas Zitronensaft (optional)

Risotto ist eine perfekte Beilage, aber wahrscheinlich auch die komplizierteste, die man sich aussuchen kann. Für einen guten Risotto muss der Koch während des gesamten Prozesses danebenstehen. Ein Risotto muss heiß serviert werden und – was genauso wichtig ist – cremig sein, nicht zäh. Ein perfekter Risotto wird mit großer Wahrscheinlichkeit Mahlzeit und Gäste in neue Sphären katapultieren.

GEBACKENE MARONEN

Den Ofen auf 200 °C vorheizen. Alle Maronen kreuzweise einschneiden, in einer feuerfesten Form auf ein Bett aus grobem Salz setzen und im Ofen 20 Minuten backen. Die Maronen abkühlen lassen, schälen und häuten, dann grob hacken. Einige davon für die Dekoration ganz lassen.

KÜRBISRISOTTO

Den Kürbis schälen, zwölf gleich große Würfel abschneiden und den Rest durch einen Entsafter lassen. Schalotten und Knoblauch in einen Topf geben und in Öl anschwitzen, ohne dass sie Farbe nehmen. Reis und Kürbisstücke dazugeben und leicht anbraten. Dann den Kürbissaft zugeben und mit Wasser angießen, bis der Reis gerade bedeckt ist. Den Reis etwa 10–15 Minuten bissfest kochen.

Währenddessen immer wieder rühren und, falls nötig, Wasser zugeben. Den Topf vom Herd nehmen und Parmesan sowie Butterwürfel unterrühren. Die gehackten Maronen unterheben und mit Salz, Pfeffer und nach Belieben etwas Zitronensaft abschmecken. Die ganzen Maronen und eventuell etwas zusätzlichen Parmesan aufstreuen.

GEBRATENE BIRNEN MIT BLAUSCHIMMELKÄSE

ZUTATEN

2 große Birnen (z. B. Comice)
20 g Butter + etwas zusätzlich zum Einfetten
4 Zweige Thymian, Blätter fein gehackt + etwas zusätzlich zum Dekorieren
100 g Blauschimmelkäse
10 Walnusskerne (optional)
20 ml Walnussöl
10 ml weißer Balsamicoessig
Salz
frisch gemahlener Pfeffer

Den Ofen auf 180 °C vorheizen. Die Birnen schälen, längs halbieren und Kerngehäuse sowie Blütenreste entfernen. Butter und Thymian in eine Pfanne geben, die Birnen mit der Schnittseite nach unten hineinlegen und bei schwacher Temperatur gar braten.
Dann die Birnen in eine gefettete feuerfeste Form geben, diesmal die Schnittseite nach oben, und je ein Stück Blauschimmelkäse in die Kuhlen der Kerngehäuse legen. Nach Belieben die Walnusskerne grob hacken und darüberstreuen. Walnussöl und Balsamicoessig verrühren, mit Salz und Pfeffer abschmecken und die Birnen mit der Mischung bepinseln. Die Form für 5–10 Minuten in den Ofen stellen, bis der Käse leicht geschmolzen ist. Mit Thymianblättchen bestreut servieren.

GEBRATENE BIRNEN MIT THYMIAN & WACHOLDER

ZUTATEN

4 große Birnen (z. B. Comice)
2 EL Butter
1 Bund Thymian, Blätter fein gehackt
20 g Walnusskerne, grob gehackt
12 Wacholderbeeren, zerstoßen
1 EL Honig
Salz
frisch gemahlener Pfeffer
etwas Zitronensaft (optional)

Die Birnen schälen, längs halbieren und Kerngehäuse sowie Blütenreste entfernen. Die Butter in eine Pfanne geben und die Birnen mit der Schnittseite nach unten hineinlegen. Bei schwacher Temperatur weich und goldgelb braten, dann zur Seite stellen. Thymian, Walnüsse, Wacholderbeeren und Honig in die Pfanne geben und bei schwacher Temperatur etwa 1 Minute braten. Mit Salz, Pfeffer und nach Belieben etwas Zitronensaft abschmecken. Diese Masse in die Kuhlen der Kerngehäuse füllen und sofort servieren.

PILZE

Meiner Meinung nach ist die Kombination von Wild und Pilzen in einem Topf eines der besten Dinge, die die Natur unseren Geschmacksnerven und Mägen bieten kann.

Von den Waldpilzen mag ich den Steinpilz am liebsten, ein vortrefflicher Pilz, der seinen Namen aufgrund seines festen Fleisches trägt. Der Herbst ist die beste Zeit für den Steinpilz. Suchen Sie ihn in Buchenwäldern bei Humus, Böschungen und Hecken. In Tannenwäldern finden Sie ihn in der Nähe von Waldwegen und Pfaden.

Der Steinpilz zeichnet sich aus durch seinen 10–15 cm großen Hut, der manchmal etwas schleimig wirkt und braun bis graubraun ist, oft etwas noppig. Die Röhren sind zunächst weißlich gefärbt, im Alter auch schon mal gelblich und zuletzt olivgrün, fein und rund. Der Stiel ist meist weißlich oder bräunlich, 5–10 cm lang und 2–4 cm dick. Das Fleisch ist weiß und verändert seine Farbe beim Durchschneiden nicht. Der Geschmack ist mild und nussig.

Wenn Sie keine Steinpilze finden, kein Problem: Nehmen Sie stattdessen einen anderen Röhrling. Es gibt nur eine Sorte, die man meiden sollte: den Gemeinen Gallenröhrling. Wie der Name andeutet, ist dieser unglaublich bitter.

Man muss leider sagen, dass Pilze Fett lieben – Butter, Sahne, Olivenöl. Aber ein paar Kalorien dürfen es nach einer schönen Tour im Wald ja auch sein.

STEINPILZE ALS KLASSISCHER PILZTOAST, SEITE 148

STEINPILZVELOUTÉ, SEITE 149

STEINPILZE MIT PARMESAN, ZITRONE & SCHNITTLAUCH, SEITE 148

GANZE STEINPILZE MIT PETERSILIE & MANDELN, SEITE 149

STEINPILZE MIT PARMESAN, ZITRONE & SCHNITTLAUCH

ZUTATEN

8 Steinpilze
Abrieb und Saft von 1 unbehandelten Zitrone
100 ml hochwertiges Olivenöl
Salz
frisch gemahlener Pfeffer
4 EL fein gehackter Schnittlauch
1 Schalotte, fein gehackt
frisch abgeschnittene Stücke von gut gereiftem Parmesan

Siehe Bild auf Seite 146-147.

Die Pilze putzen und auf einem Gemüsehobel längs in sehr dünne Scheiben schneiden. Die Scheiben von jeweils zwei Pilzen fächerförmig auf den Tellern ausbreiten. Zitronensaft und Olivenöl mit Zitronenabrieb, Salz, Pfeffer, Schnittlauch und Schalotte vermischen und die Pilze mit der Mischung bepinseln. Mit Parmesanstücken garnieren und sofort servieren.

STEINPILZE ALS KLASSISCHER PILZTOAST

ZUTATEN

12 mittelgroße Steinpilze
Butter
1 Schalotte, fein gehackt
1 Knoblauchzehe, ausgepresst
Salz
frisch gemahlener Pfeffer
4 Scheiben Bauernbrot
Petersilie, grob gehackt
Abrieb von 1 unbehandelten Zitrone

Siehe Bild auf Seite 146-147.

Die Pilze putzen und auf einem Gemüsehobel in Scheiben schneiden. In einer Pfanne in Butter mit der Schalotte und dem Knoblauch sautieren, dann mit Salz und Pfeffer würzen. Die Pilze aus der Pfanne nehmen und die Brotscheiben in dem Rest der »Pilzbutter« rösten, bis sie goldgelb und knusprig sind. Die Pilze anschließend auf den Brotscheiben anrichten und mit Petersilie nach Geschmack und Zitronenabrieb bestreuen.

GANZE STEINPILZE MIT PETERSILIE & MANDELN

ZUTATEN

4 große Steinpilze
4 EL weiche Butter
1 Bund Petersilie, Blätter gehackt + etwas zusätzlich zum Dekorieren
50 g Parmesan, gerieben
1 Knoblauchzehe, gepresst + einige ganze, geröstete zum Dekorieren
50 g gehäutete Mandeln, gehackt
Saft von 1 Zitrone
Salz
frisch gemahlener Pfeffer
Mandelblättchen zum Dekorieren

Siehe Bild auf Seite 146-147.

Den Ofen auf 180 °C vorheizen. Die Pilze putzen und in Stiele und Hüte teilen. Die Stiele fein hacken und mit Butter, Petersilie, Parmesan, gepresstem Knoblauch und gehackten Mandeln vermengen, dann mit Zitronensaft, Salz und Pfeffer abschmecken. Die Mischung in die vier Pilzhüte füllen, diese dann in eine gefettete feuerfeste Form geben und für etwa 15 Minuten im Ofen garen. Mit einigen gerösteten Knoblauchzehen, Mandelblättchen und frischer Petersilie bestreuen.

STEINPILZVELOUTÉ

ZUTATEN

100 g Steinpilze (es eignen sich auch die Reste nach dem Putzen und Sortieren)
2 Knoblauchzehen, fein gehackt
1 Schalotte, gewürfelt
50 g Butter
100 ml Noilly Prat
¼ l Schlagsahne
1 l Wildfond (siehe Seite 187)
2 pasteurisierte Eigelb
50 g Crème fraîche (mind. 30 % Fettgehalt)
Salz
frisch gemahlener Pfeffer
4 Scheiben Brot
leicht geröstete Steinpilze zum Bestreuen (optional)

Siehe Bild auf Seite 146-147.

Die Pilze mit dem Knoblauch und der Schalotte in Butter sautieren, bis sie goldbraun sind. Noilly Prat angießen und auf die Hälfte einkochen. Schlagsahne und Wildfond zugeben und erneut um die Hälfte reduzieren. Dann die Temperatur herunterschalten und die Flüssigkeit mit Eigelb und Crème fraîche mixen, zum Schluss durch ein Sieb in einen sauberen Topf gießen.

Die Suppe unter ständigem Rühren aufkochen, bis sie eindickt (sie darf nicht mehr kochen). Mit Salz und Pfeffer abschmecken und in vorgewärmten Suppentassen anrichten. Das Brot dazu reichen. Mit etwas Pfeffer und nach Belieben mit leicht gerösteten Steinpilzen bestreuen.

ZWETSCHGEN IN PORTWEIN, SEITE 152

EINGEMACHTES

Meine Großmutter hatte eine große Speisekammer hinter der Küche. Es hatte beinahe etwas Magisches, wenn man die Tür öffnen und in diese Schatzkammer voll mit eingekochten und eingelegten Köstlichkeiten schauen durfte. Hier standen Steinguttöpfe Seite an Seite und Einmachgläser mit verschiedenfarbigem Inhalt in langen Reihen, alle mit akkurat beschrifteten Aufklebern.

Die Einmachgläser wurden sorgfältig ausgewählt und vorsichtig aus dem Regal genommen, wenn das geplante Abendessen nach etwas Salzigem, Süßem oder Saurem verlangte. Leider gibt es heute nicht mehr viele Leute, die einmachen. Im turbulenten Alltag mit Job und Familie finden die meisten keine Zeit mehr dafür. Viele haben es wahrscheinlich einfach vergessen oder wissen gar nicht, wie einfach es eigentlich ist, wenn man erst einmal angefangen hat. Ich wage sogar zu behaupten, dass dies ein nettes Projekt sein kann, das der ganzen Familie Spaß macht. Und später kann man sich an dem schönen Ergebnis erfreuen und sich an einen tollen Sonntag erinnern, den man mit dem Einkochen von Früchten und Beeren zugebracht hat. Sowohl die süßen als auch die sauren Geschmacksnuancen passen hervorragend zu Wildgerichten. Am besten beginnen Sie Anfang September, dann sind Sie für die kommenden Wildmonate bestens gerüstet.

Alle Einmachrezepte reichen für mindestens 12 Personen. Wenn man nicht alles beim ersten Mal schafft, hält Eingekochtes und Eingelegtes mindestens einen Monat im Kühlschrank.

MARONEN & WALNÜSSE IN WÜRZIGEM AHORNSIRUP, SEITE 152

PILZE & PERLZWIEBELN IN MILDEM ESSIGSUD, SEITE 153

BIRNEN IN ROTWEIN, SEITE 152

GETROCKNETE FRÜCHTE, SEITE 153

MARONEN & WALNÜSSE IN WÜRZIGEM AHORNSIRUP

ZUTATEN

1 kg Maronen
200 g Walnusskerne
4 Stücke Süßholzwurzel
4 Sternanis | 1 EL Anissamen
400 ml Ahornsirup | Rauchsalz
25 g kalte Butter, in kleinen Würfeln

Siehe Bild auf Seite 150-151.

Den Ofen auf 180 °C vorheizen. Die Maronen knacken und die braune Haut mit einem Messer abschaben. Anschließend mit den übrigen Zutaten bis zum Rauchsalz vermischen und in eine gefettete feuerfeste Form geben. Für 15–20 Minuten im Ofen garen. Vor dem Servieren 5 Minuten abkühlen lassen und mit Butterwürfeln bestreut servieren.

ZWETSCHGEN IN PORTWEIN

ZUTATEN

600 ml roter Portwein
2 Lorbeerblätter | 1 Zimtstange
20 schwarze Pfefferkörner
2 Sternanis
Abrieb von 1 unbehandelten Orange
1 kg Zwetschgen oder rote Pflaumen

Siehe Bild auf Seite 150-151.
Für 12 Personen

Den Portwein mit Gewürzen und dem Orangenabrieb in einem Topf aufkochen lassen und zwischendurch immer wieder abschäumen. Die Zwetschgen oder Pflaumen entsteinen, in den Topf geben und 10 Minuten köcheln lassen. Dann den Topf vom Herd nehmen und abkühlen lassen. In sterilisierte Gläser füllen und im Kühlschrank aufbewahren, wo sie sich ungeöffnet 1–2 Monate halten. Nach dem Öffnen sind sie etwa 1–2 Wochen haltbar.

BIRNEN IN ROTWEIN

ZUTATEN

1 l trockener Rotwein
200 g brauner Farinzucker
2 Zimtstangen
4 Lorbeerblätter
4 Nelken
2 EL schwarze Pfefferkörner
1 Zweig Rosmarin
8–12 kleine Birnen

Siehe Bild auf Seite 150-151.
Für 12 Personen

Den Rotwein mit Farinzucker, Gewürzen und Kräutern aufkochen. Die Birnen schälen, längs halbieren und die Kerngehäuse entfernen. In den heißen, aromatisierten Wein legen und pochieren, bis sie sich weich anfühlen, wenn man sie mit einem spitzen Messer ansticht, dies dauert etwa 10 Minuten. Dann den Topf vom Herd nehmen und die Birnen abkühlen lassen. In sterilisierte Gläser füllen und den Sud darübergießen. Die Haltbarkeit im Kühlschrank beträgt 1–2 Monate.

GETROCKNETE FRÜCHTE

Siehe Bild auf Seite 150-151.
Für 12 Personen

ZUTATEN

10 getrocknete Feigen
20 getrocknete Aprikosen
20 Backpflaumen, entsteint
50 g Korinthen | 50 g Sultaninen
100 g gehäutete ganze Mandeln
Abrieb und Saft von 2 unbehandelten Orangen
1 EL grüne Anissamen
frisch gemahlener Pfeffer
1 Flasche trockener Sherry

Feigen, Aprikosen und Pflaumen in kleine Stücke schneiden und in einen Topf geben. Einen Teil davon nach Belieben ganz lassen. Korinthen, Sultaninen, Mandeln, Orangenabrieb und -saft, Anissamen, Pfeffer und Sherry zugeben. Unter ständigem Rühren aufkochen und 5–10 Minuten köcheln lassen. Abkühlen lassen, die getrockneten Früchte in sterilisierte Gläser füllen und die Flüssigkeit darübergießen. Im Kühlschrank halten sie sich 2–3 Monate.

PILZE & PERLZWIEBELN IN MILDEM ESSIGSUD

Siehe Bild auf Seite 150-151.
Für 12 Personen

ZUTATEN

1 kg gemischte Pilze (z. B. Röhrlinge, Trompetenpilze, Trompetenpfifferlinge, Wiesenchampignons)
4 Knoblauchzehen
24 Perlzwiebeln
1 l Reisessig
Abrieb von 2 unbehandelten Zitronen
1 EL Koriandersamen
1 EL grüne Pfefferkörner
50 g Sultaninen
50 g Korinthen
1 Bund Thymian, Blätter gezupft
1 Bund Rosmarin, Nadeln, abgezupft

Die Pilze putzen. Den Knoblauch schälen und in Spalten schneiden. Auch die Perlzwiebeln schälen und längs vierteln. Den Reisessig zusammen mit Zitronenabrieb, Koriandersamen, grünen Pfefferkörnern und Knoblauch aufkochen. Dann die Pilze, Sultaninen, Korinthen, Perlzwiebeln und frischen Kräuter auf sterilisierte Einmachgläser verteilen. Den heißen Essigsud darübergießen und die Gläser sofort mit Deckeln verschließen. Vor der Verwendung ein paar Tage im Kühlschrank lagern. Dort halten sie sich etwa 1 Monat.

QUITTEN MIT
VANILLE, SEITE 157

PREISELBEEREN IN
HONIG MIT THYMIAN &
ROSMARIN, SEITE 156

ÄPFEL IN WÜRZIGEM
SUD, SEITE 157

KOMPOTT AUS
SANDDORN UND KÜRBIS,
SEITE 156

MOOSBEEREN IN AHORNSIRUP
MIT SCHWARZEM PFEFFER,
SEITE 156

PREISELBEEREN IN HONIG MIT THYMIAN & ROSMARIN

Siehe Bild auf Seite 154-155.

ZUTATEN

1 kg Preiselbeeren
700 g Akazienhonig
1 TL Salz
1 TL frisch gemahlener Pfeffer
4 Zweige Thymian, Blätter grob gehackt
4 Zweige Rosmarin, Blätter grob gehackt

Die Preiselbeeren gründlich waschen und mit Honig, Salz, Pfeffer und Kräutern vermischen, vor dem Servieren mindestens 1 Stunde im Kühlschrank ziehen lassen.

MOOSBEEREN IN AHORNSIRUP MIT SCHWARZEM PFEFFER

Siehe Bild auf Seite 154-155.

ZUTATEN

2 rote Zwiebeln | 2 EL Olivenöl
Saft von 1 Zitrone | 1 TL Salz
20 schwarze Pfefferkörner, zerstoßen
500 g Moosbeeren
200 ml Ahornsirup

Die roten Zwiebeln schälen und in Spalten schneiden. Olivenöl in einen Topf geben und die Zwiebeln darin anschwitzen, ohne dass sie Farbe nehmen. Zitronensaft, Salz und Pfefferkörner zugeben und aufkochen lassen. Dann den Topf vom Herd nehmen und die Moosbeeren und den Ahornsirup unter die Flüssigkeit rühren. Vor dem Servieren mindestens 1 Stunde ziehen lassen.

KOMPOTT AUS SANDDORN & KÜRBIS

Siehe Bild auf Seite 154-155.

ZUTATEN

200 g Kürbis | 200 g Sanddorn
20 g Hagebutten (optional)
100 g Akazienhonig
2 EL Olivenöl | 1 TL Salz
½ Muskatnuss, frisch gerieben
1 TL frisch gemahlener schwarzer Pfeffer

Den Ofen auf 180 °C vorheizen. Den Kürbis längs halbieren, die Kerne mit einem Löffel herausnehmen. Jede Hälfte längs in Spalten schneiden. Alle Zutaten in einem Topf vermischen und diesen abgedeckt für 20 Minuten in den Ofen geben. Dann den Topf herausnehmen und den Inhalt vor dem Servieren etwas abkühlen lassen. Die Spalten mit der Sanddornmischung belegt anrichten.

QUITTEN MIT VANILLE

ZUTATEN

1 kg Quitten
2 Vanilleschoten
200 ml Zitronensaft
200 g Akazienhonig
1 TL Salz
100 ml Olivenöl

Siehe Bild auf Seite 154-155.

Die Quitten schälen, vierteln und die Kerngehäuse entfernen. Die Vanilleschoten längs aufschneiden und das Mark mit der Rückseite eines Messers herausschaben. Zitronensaft, Honig, Vanillemark, Salz und Olivenöl in einen Topf geben und kurz aufkochen lassen. Dann die Quitten in den Sud einlegen und etwa 15 Minuten pochieren, bis sie weich sind. In sterilisierte Gläser füllen und den Sud darübergießen. Im Kühlschrank liegt die Haltbarkeit bei 1–2 Monaten.

ÄPFEL IN WÜRZIGEM SUD

ZUTATEN

8–12 kleine rote Äpfel
1 Vanilleschote
½ l Weißwein
Saft von 6 Zitronen
500 g Honig
200 g Ingwer, fein gerieben
1 EL Koriandersamen
4 Sternanis
1 EL grüne Anissamen
1 EL schwarze Pfefferkörner

Siehe Bild auf Seite 154-155.

Die Äpfel schälen, längs halbieren und die Kerngehäuse entfernen. Die Vanilleschote der Länge nach aufschneiden und das Mark mit der Rückseite eines Messers herausschaben. Weißwein, Zitronensaft, Honig, Ingwer, Vanillemark und Gewürze in einen Topf geben, aufkochen, die Äpfel dazugeben und pochieren, bis sie beim Einstechen mit einem spitzen Messer weich sind; dies dauert etwa 15 Minuten. Den Topf vom Herd nehmen und abkühlen lassen. Die Äpfel in sterilisierte Gläser füllen und mit dem Sud begießen. Im Kühlschrank liegt die Haltbarkeit bei 1–2 Monaten.

ROTE & WEISSE PERLZWIEBELN IN REISESSIG MIT KRÄUTERN

ZUTATEN

500 g rote, weiße oder gemischte Perlzwiebeln
1 unbehandelte Zitrone
1 l Reisessig
10 Knoblauchzehen, klein geschnitten
1 EL grüne Pfefferkörner
1 EL rosa Pfefferbeeren
gemischte frische Kräuter in reichlichen Mengen (z. B. Lorbeerblätter, Thymian, Zitronenthymian, Salbei, Rosmarin)

Die Zwiebeln schälen und längs teilen. Die Zitrone in Scheiben schneiden. Den Reisessig zusammen mit dem Knoblauch, den beiden Pfeffersorten und den Zitronenscheiben aufkochen. Dann die Zwiebeln, nach Wunsch getrennt nach Farben, in den Sud geben, kurz darin zusammen mit den Kräutern aufkochen und anschließend abkühlen lassen. In sterilisierte Gläser füllen und den Sud darübergießen. Die Haltbarkeit beträgt im Kühlschrank etwa 1 Monat.

BROT

Gutes Brot bildete schon immer eine ganz natürliche Beilage zu täglichen Gerichten.

Diese vier ganz verschiedenen Brotsorten tragen allesamt die dunklen, tiefen Töne des Herbstes in sich. Sie passen hervorragend zum zünftigen Essen nach der Jagd, alle zusammen oder auch jedes für sich.

MALZBROT MIT BACKPFLAUMEN

Siehe Bild auf Seite 160.

ZUTATEN

100 g Backpflaumen, entsteint
500 ml dunkles Bier
25 g Hefe
8 g Salz
1 EL Honig
200 g Malzmehl + etwas zusätzlich zum Bestreuen
800 g Weizenmehl

TAG 1
Die Backpflaumen über Nacht in 200 ml Bier einweichen.

TAG 2
Hefe, Salz, Honig und das restliche Bier vermengen. Malz- und Weizenmehl durchsieben und mit der Hefemischung verrühren. Dann die eingelegten Backpflaumen in den Teig geben und alles gut durchkneten. Den Teig im Kühlschrank 8 Stunden gehen lassen.

Den Ofen auf 225 °C vorheizen. Ein Brot formen, mit etwas Malzmehl bestreuen und dieses etwa 25 Minuten backen. Anschließend aus dem Ofen nehmen und auf einem Rost abkühlen lassen.

BRIOCHE

ZUTATEN

60 g Hefe
20 g Salz
125 g Zucker
1 kg Weizenmehl
10 Eier
500 g weiche Butter + etwas zusätzlich zum Einfetten
Polentagrieß

Siehe Bild auf Seite 160.

50 ml Wasser, Hefe, Salz und Zucker mischen. Das Weizenmehl durchsieben und unter ständigem Rühren mit einem Schneebesen oder in einer Küchenmaschine mit der Hefemischung vermengen. Die Eier aufschlagen, unter kräftigem Rühren zur Masse geben und alles glatt rühren. Die weiche Butter zugeben und sofort unterrühren. Dann den Teig in gefettete Back- oder Muffinformen geben und mit Polentagrieß bestreuen. Anschließend im Kühlschrank 3 Stunden gehen lassen.
Den Ofen auf 220 °C vorheizen. Die Brote für 5 Minuten in den Ofen stellen, dann die Temperatur auf 180 °C herunterschalten und 20 Minuten backen. Aus den Formen nehmen und auf einem Rost abkühlen lassen.

WEIZENBROT MIT BACON

ZUTATEN

200 g geräucherter Bacon, gewürfelt
100 g geräucherter Speck, gewürfelt
2 Zwiebeln, fein gehackt
2 Zweige Rosmarin, Blätter fein gehackt + etwas zusätzlich zum Dekorieren (optional)
15 g Salz
40 g Zucker
20 g Hefe
1 kg Weizenmehl
100 ml Olivenöl
2 Zweige Thymian, Blätter fein gehackt + etwas zusätzlich zum Dekorieren (optional)
etwas grobes Salz zum Dekorieren (optional)

Siehe Bild auf Seite 160.

In einer trockenen Pfanne Bacon, Speck und Zwiebeln goldgelb anschwitzen. Rosmarin dazugeben, kurz durchrühren, dann das Ganze zum Abtropfen auf Küchenkrepp geben. Salz, Zucker, Hefe und 400 ml Wasser verrühren. Das Weizenmehl durchsieben und zusammen mit dem Olivenöl unter die Hefemischung rühren. Zu einem homogenen Teig kneten. Die Speck-Rosmarin-Zwiebel-Mischung sowie den Thymian hinzufügen und gut in den Teig kneten. Im Anschluss zwei Brote formen und diese 30 Minuten gehen lassen.
Den Ofen auf 185 °C vorheizen und die Brote 25 Minuten backen. Anschließend herausnehmen und auf einem Rost abkühlen lassen. Nach Belieben mit einigen Rosmarin- und Thymianblättchen sowie etwas grobem Salz dekorieren.

MARONEN-WALNUSS-BROT

ZUTATEN

100 g Maronen
500 g grobes Salz
40 g Hefe
15 g Salz
200 g Grahammehl + etwas zusätzlich zum Bestreuen
800 g Weizenmehl
50 g Walnusskerne, grob gehackt

Siehe Bild auf Seite 160.

Den Ofen auf 200 °C vorheizen. Alle Maronen kreuzweise einschneiden, in einer feuerfesten Form auf ein Bett aus grobem Salz setzen und im Ofen 20 Minuten backen. Die Maronen abkühlen lassen, schälen, häuten und im Anschluss grob hacken.
500 ml Wasser, Hefe und Salz verrühren. Grahammehl und Weizenmehl durchsieben und unter die Hefemischung mengen. Maronen und Walnüsse zugeben und den Teig gründlich durchkneten. Daraus zwei Brote formen und diese an einem warmen Ort 1 Stunde gehen lassen. Den Ofen auf 185 °C vorheizen, die Brote mit etwas Grahammmehl bestreuen und 25 Minuten backen. Dann aus dem Ofen nehmen und auf einem Rost abkühlen lassen.

VERSCHIEDENES

BUNTE KOHLSUPPE MIT WILD-KOHLROULADEN

ZUTATEN

2 Schalotten, fein gehackt
2 Knoblauchzehen, fein gehackt
¼ Weißkohl, klein geschnitten
¼ l Wildfond (siehe Seite 187)
½ l Milch
Salz
frisch gemahlener Pfeffer
100 g Grünkohl, klein geschnitten
¼ Rotkohl
100 ml Balsamicoessig
1 EL Honig
1 Kohlrabi
Saft und Abrieb von 1 unbehandelten Zitrone
1 Zweig Zitronenthymian (oder ein anderes Kraut), Blätter abgezupft
2 EL Olivenöl + etwas zusätzlich zum Beträufeln
10 Rosenkohlröschen, in einzelne Blätter zerlegt

WILD-KOHLROULADEN

4 große Blätter vom blauen Kohlrabi (alternativ Weißkohlblätter)
200 g mageres Wildhackfleisch (Geflügel- oder Reh-/Hirschfleisch oder gemischt)
Salz
frisch gemahlener Pfeffer
1 Ei
1 Schalotte, fein gehackt
1 Zweig Thymian, Blätter fein gehackt
4 Scheiben geräucherter Speck
Olivenöl
Butter zum Einfetten

Eine Schalotte und eine Knoblauchzehe in einem Topf sautieren, dann den Weißkohl zugeben und weiter sautieren, bis der Kohl leicht zusammengefallen ist, aber noch keine Farbe angenommen hat. Die Hälfte des Wildfonds angießen und etwa 10 Minuten kochen, bis der Kohl weich ist. Die Suppe mithilfe eines Stabmixers mit der Hälfte der Milch pürieren, mit Salz und Pfeffer abschmecken und durch ein Sieb in einen anderen Topf umfüllen.
Den gleichen Prozess mit dem Grünkohl und der übrig gebliebenen Schalotte, Knoblauchzehe, Wildfond sowie Milch wiederholen: Das Ergebnis sind zwei verschiedene Kohlsuppen – eine grüne und eine weiße. Den Rotkohl durch einen Entsafter lassen. Den entstandenen Rotkohlsaft zusammen mit Balsamicoessig und Honig bei schwacher Temperatur auf etwa 100 ml einkochen. Den Kohlrabi schälen, in kleine Würfel schneiden und diese in etwas Zitronensaft vermischt mit Zitronenabrieb, Zitronenthymian, Olivenöl, Salz und Pfeffer roh marinieren. Die Rosenkohlblätter in etwas kochendem Wasser mit ein wenig Zitronensaft dünsten.

WILD-KOHLROULADEN

Den Ofen auf 180 °C vorheizen. Die Kohlblätter kurz in kochendem Wasser blanchieren und dann abkühlen lassen. Das Wildhackfleisch mit Salz, Pfeffer, dem Ei, Schalotte und Thymian vermischen. Die Farce zu vier gleich großen Rollen formen. Jede Rolle in eine Scheibe geräucherten Speck und anschließend in ein Kohlblatt wickeln.
Die Kohlrouladen mit Olivenöl einpinseln und in eine gefettete feuerfeste Form legen. Für 15–20 Minuten im Ofen garen.

SERVIEREN

Beide Suppen aufkochen, sie sollten sehr heiß serviert werden – gegebenenfalls kurz mit einem Stabmixer aufschäumen. Dann in vorgewärmte tiefe Teller füllen, sodass die beiden Farben verlaufen. Mit dem Rotkohlsirup sowie etwas Olivenöl beträufeln. Rosenkohlblätter und Kohlrabiwürfel separat servicren oder aber direkt über die Suppe geben. Die Wild-Kohlrouladen als Einlage zur Kohlsuppe servieren.

WILDHACKSTEAKS & BRATÄPFEL

ZUTATEN

450 g Wildhackfleisch (z. B. Blatt, Brust, Hals)
70 g geräucherter Speck, gewürfelt
1 Schalotte, gehackt
Salz
frisch gemahlener Pfeffer
2 Zweige Thymian, Blätter fein gehackt
1 Zweige Rosmarin, Blätter fein gehackt
1 EL Cognac
500 g Pilze der Saison
2 EL Olivenöl + etwas zusätzlich zum Anbraten
1 Ei
50 g grobe Semmelbrösel

BRATÄPFEL
4 kleine Äpfel
100 g weiche Butter + etwas zusätzlich zum Einfetten
8 Lorbeerblätter (am besten frisch)
1 EL Wacholderbeeren, zerstoßen
1 Bund Thymian, Blätter fein gehackt
Salz
frisch gemahlener Pfeffer
2 EL Apfelessig

Hackfleisch, Speck und Schalotte vermengen und mit Salz zu einer breiartigen Masse verrühren. Dann mit Pfeffer, Kräutern und Cognac würzen. Die Pilze putzen, hacken und in einer Pfanne mit etwas Öl kurz anbraten. Anschließend in einem Sieb abtropfen lassen und mit der Farce vermengen. Das Ei dazugeben und alles gut durchrühren. Die Farce zu kleinen Hacksteaks formen, mit den Semmelbröseln panieren und in etwas Öl in einer heißen Pfanne goldbraun braten.

BRATÄPFEL

Den Ofen auf 180 °C vorheizen. Die Äpfel schälen, halbieren und entkernen. Jede Apfelhälfte mit einem Messer mehrfach bis zur Mitte einschneiden und mit reichlich Butter einreiben. Die Lorbeerblätter in die Einschnitte stecken und Wacholderbeeren sowie Thymian darüberstreuen, dann mit Salz und Pfeffer würzen. Die Äpfel in eine gefettete feuerfeste Form setzen, mit einem Hauch Apfelessig besprenkeln und für 15 Minuten im Ofen garen.

SERVIEREN

Die Hacksteaks zusammen mit den Bratäpfeln auf einer Platte anrichten. Eventuell mit Hasselback aus Roseval-Kartoffeln (siehe Seite 112) und Selleriesalat mit grünen Äpfeln, Sauerampfer und Walnüssen (siehe Seite 123) servieren.

TERRINE, PÂTÉ, RILLETTE & MOUSSE

Patés und Terrinen auf klassische Art herzustellen ist etwas ganz Besonderes – eine Form der Zubereitung, die heute leider selten ist.

Im Folgenden finden Sie einige Rezepte, die prallvoll mit dem dichten, bestechenden Geschmack von Wild sind. Alle sind sie ein wenig zeitaufwendig, aber die Arbeit lohnt sich. Am liebsten serviere ich sie mit Eingemachtem.

WILDTERRINE,
SEITE 175

WILDENTENTERRINE,
SEITE 174

WILDSCHWEINTERRINE,
SEITE 172

WILDSCHWEINSÜLZE,
SEITE 172

WILDSCHWEINSÜLZE

ZUTATEN

LEICHTE SALZLAKE
1 kg Salz
100 g Zucker
2 Nelken
20 Wacholderbeeren, zerstoßen
2 schwarze Pfefferkörner

SÜLZE
1 Backe vom Wildschwein
1 Zunge vom Wildschwein
2 Haxen vom Wildschwein
5 Blätter weiße Gelatine
2 EL grüne Pfefferkörner

KOCHSUD
200 ml Weißweinessig
2 ganze Knollen Knoblauch, geschält und in Zehen
6 Schalotten, geschält und in Spalten
1 Bund frischer Thymian

Siehe Bild auf Seite 170-171.
Für 12 Personen

TAG 1
Backe, Zunge und Haxen über Nacht in der Salzlake einlegen.

LEICHTE SALZLAKE

5 l Wasser mit allen Zutaten aufkochen und vor der Verwendung vollständig abkühlen lassen.

TAG 2
5 l Wasser, Essig, Knoblauch, Schalotten und Thymian zum Kochen bringen. Das gesalzene Fleisch hineinlegen und sehr weich kochen. Zwischendurch Schwebstoffe von der Oberfläche abschöpfen. Dann das weiche Fleisch herausnehmen und abkühlen lassen.
Das Fleisch von den Haxen pulen, die Zunge häuten, in kleinere Stücke schneiden und das Backenfleisch in kleinere Stücke zerrupfen. Die Gelatine in etwas kaltem Wasser einweichen und ausdrücken. 200 ml des Kochsuds in eine Schale abfüllen und mit Gelatine und grünem Pfeffer vermischen.
Das Fleisch mit der Gelatinemischung vermengen und vor dem Verzehr mindestens 1 Tag in den Kühlschrank stellen.

WILDSCHWEINTERRINE

ZUTATEN

500 g Wildschweinfleisch
300 g gepökeltes Schweinefleisch
100 g Schalotten, fein gehackt
100 ml Cognac
100 ml trockener Weißwein
100 ml Schlagsahne
2 Eier
Salz
frisch gemahlener Pfeffer
Butter zum Einfetten
10 Wacholderbeeren, zerstoßen
20 Scheiben geräucherter Bacon

Siehe Bild auf Seite 170-171.
Für 12 Personen

Den Ofen auf 180 °C vorheizen. Die beiden Fleischsorten hacken und mit Schalotten, Cognac, Weißwein, Sahne sowie den Eiern gründlich zu einer groben Farce vermengen. Mit Salz und Pfeffer abschmecken. Die Farce in eine gefettete Pastetenform füllen und mit Wacholderbeeren bestreuen. Anschließend 20–30 Minuten backen.

Dann die Pastete aus dem Ofen nehmen, mit den Baconscheiben bedecken und lauwarm oder kalt verzehren.

WALDTAUBENPASTETE

ZUTATEN

4 Waldtauben
200 g geräucherter Bacon
200 g Geflügelleber (Ente, Taube oder Hühnchen)
300 g Entenfett
15 g Wacholderbeeren, zerstoßen
Salz
frisch gemahlener Pfeffer
Butter zum Einfetten
100 ml Wildfond (siehe Seite 187)
2 EL Cognac

Siehe Bild auf Seite 170-171.
Für 12 Personen

Den Ofen auf 150 °C vorheizen. Die Tauben von der Haut befreien und das Fleisch sorgfältig vom Rumpf abschneiden. Taubenfleisch, Bacon und Leber hacken. Das Entenfett zerlassen, die Hälfte davon mit dem Fleisch vermengen und mit Wacholderbeeren, Salz und Pfeffer würzen. Die andere Hälfte des Fettes zur Seite stellen. Die Mischung in eine gefettete feuerfeste Pastetenform füllen und im Wasserbad 1 Stunde backen.

Anschließend die gebackene Fleischmischung aus dem Ofen nehmen und unter Rühren den Wildfond hinzufügen. Dazu am besten einen Handmixer verwenden. Die Mischung durch ein Sieb streichen und mit der anderen Hälfte des zerlassenen Entenfettes glatt rühren. Mit Salz, Pfeffer und Cognac abschmecken. Dann in die Form füllen, in der die Pastete serviert werden soll, mit Frischhaltefolie abdecken und für 24 Stunden in den Kühlschrank stellen.

SERVIEREN

Die Pastete am besten kalt servieren, mit etwas Salz bestreut und mit groben Scheiben geröstetem oder gegrilltem Landbrot und eventuell Rote-Bete-Zigarren mit Backpflaumen und Preiselbeeren (siehe Seite 125).

HELLE WILDRILLETTE

Siehe Bild auf Seite 170-171.
Für 12 Personen

ZUTATEN

- 1 kg Fleisch (z. B. Wildentenschenkel, Fasanenschenkel oder Kaninchenfleisch ohne Fett und Sehnen)
- 4 EL Salz + etwas zusätzlich zum Abschmecken
- 2 Zweige Salbei, gehackt
- 2 Knoblauchzehen, gepresst
- 500 g geräucherter Speck
- 500 g Entenfett
- 1 EL schwarze Pfefferkörner, zerstoßen
- 2 Lorbeerblätter
- 2 Schalotten
- 40 ml Cognac

- frisch gemahlener Pfeffer

Das Fleisch am Vortag mit einer Mischung aus Salz, Salbei und Knoblauch einreiben. 24 Stunden im Kühlschrank ziehen lassen. Den geräucherten Speck und das Entenfett zusammen mit dem Pfeffer und den Lorbeerblättern in einer Pfanne anschwitzen. Die Kräuter und Gewürze vom Fleisch abwaschen und das Fleisch zusammen mit den ganzen geschälten Schalotten im heißen Fett köcheln lassen, bis alles sehr weich ist. Das Fleisch etwas abkühlen lassen und in kleinere Stücke zupfen (ohne Fett, Haut, Knorpel oder Knochen). 2 Teile Fleisch mit 1 Teil Fett in einer Schale vermengen. Die Schalotten mit einem Wiegemesser oder einem Stabmixer zerkleinern und hinzufügen. Anschließend die Masse mit Cognac, Salz und Pfeffer abschmecken. In eine geeignete Form füllen, mit einem leichten Gewicht beschweren und 1 Tag in den Kühlschrank stellen. Die Rillette aus der Form stürzen und zum Servieren in Scheiben oder längliche Rechtecke schneiden.

WILDENTENTERRINE

Siehe Bild auf Seite 170-171.
Für 12 Personen

ZUTATEN

- 400 g Wildentenfleisch aus Schenkel und Brust ohne Haut, Knorpel und Sehnen
- 100 g geräucherter Bacon, gehackt
- 100 g Schalotten, fein gehackt
- 100 ml Cognac
- 50 ml Schlagsahne
- 8 g Salz
- ¼ Muskatnuss, frisch gerieben
- 1 Ei, verquirlt
- 4 Zweige Thymian, Blätter fein gehackt
- Salz
- frisch gemahlener Pfeffer
- Butter zum Einfetten
- 2 ganze Wildentenbrüste ohne Haut
- 2 EL grüne Pfefferkörner

Den Ofen auf 110 °C vorheizen. Wildentenfleisch hacken, mit Bacon, Schalotten, Cognac, Sahne, Salz, Muskatnuss, Ei und Thymian gut vermischen und mit Salz und Pfeffer abschmecken. Die Hälfte der Mischung in eine gefettete Terrinenform füllen. Die ganzen Entenbrüste mit Salz und Pfeffer würzen, oben auf die Farce legen und mit dem Rest der Farce bedecken. Glatt streichen, sodass sie eine gleichmäßige Schicht bildet.

Die Terrine mit Alufolie abdecken und im Wasserbad 1 Stunde backen, bis die Kerntemperatur 70 °C beträgt. Anschließend sofort kalt stellen. Vor dem Aufschneiden und Anrichten sollte sie vollständig abgekühlt sein. Mit grünem Pfeffer und etwas Salz bestreuen.

WILDTERRINE

Siehe Bild auf Seite 170-171.
Für 12 Personen

ZUTATEN

200 g mageres Wildfleisch (z. B. Hals, Brust oder Blatt)
100 g Speck
200 g Wildinnereien (z. B. Leber oder Herz)
7 g Salz | 1 g Pfeffer
50 ml Portwein
100 ml Cognac oder Branntwein
100 g Pilze (am besten Waldpilze, z. B. Röhrlinge oder Pfifferlinge)
4 Schalotten, fein gehackt
4 Zweige Thymian, Blätter fein gehackt
2 EL Olivenöl
50 g Brotkrümel
20 dünne Scheiben geräucherter Speck oder geräucherter Bacon

Den Ofen auf 160 °C vorheizen. Fleisch, Speck und Innereien hacken, dann mit Salz und Pfeffer zu einer breiartigen Masse verrühren. Portwein und Cognac oder Branntwein darübergießen und die Farce im Kühlschrank 1 Stunde ziehen lassen.
In der Zwischenzeit die Pilze putzen, fein hacken und zusammen mit den Schalotten und dem Thymian in Öl goldgelb braten. Pilze, Schalotten und Brotkrümel mit der Fleischfarce vermengen.
Eine Terrinenform mit den dünnen Räucherspeckscheiben auskleiden, einige zum Abdecken beiseitestellen. Die Farce in die Form füllen, mit den restlichen Speckscheiben belegen, in den Ofen stellen und 1 Stunde im Wasserbad backen.
Abkühlen lassen und die Terrine in Scheiben schneiden. Am besten mit einem kräftigen dunklen Brot genießen – vielleicht auf dem Grill geröstet – und einem leckeren grünen Salat (siehe Seite 119 ff.).

ROTHIRSCHTERRINE

Siehe Bild auf Seite 170-171.
Für 12 Personen

ZUTATEN

500 g Rothirschfleisch (am besten Brust, Hals oder Blatt), gehackt
125 g Rothirschleber, gehackt
125 g Rothirschherz, gehackt
200 g gepökeltes Schweinefleisch, gehackt
100 g Schalotten, fein gehackt
100 g Äpfel, in kleinen Würfeln
100 ml Calvados
100 ml Schlagsahne
10 Wacholderbeeren, zerstoßen
Salz
frisch gemahlener Pfeffer
1 gewässertes Fettnetz (beim Metzger vorbestellen)

Den Ofen auf 160 °C vorheizen. Alle Zutaten gut vermischen und mit Salz und Pfeffer abschmecken. Eine Terrinenform mit dem Fettnetz auskleiden, die Farce in die Form füllen und mit dem Fettnetz bedecken.

Die Terrine im Wasserbad 1 Stunde backen, bis die Kerntemperatur 75 °C beträgt. Dann aus dem Ofen nehmen und lauwarm servieren.

SAUCEN & FONDS

Saucen sollen den Geschmack eines Gerichtes betonen und verfeinern. Dabei kann man grob zwischen zwei Zubereitungsarten unterscheiden: angedickte Saucen, die mit Mehl, Butter, Ei oder Ähnlichem gebunden werden, und eingekochte Saucen, auch Schmorsaucen oder Reduktion genannt. Die Grundlage von angedickten Saucen bildet oft eine Mehlschwitze, die einem Sud zugefügt wurde, manchmal wird sie auch mit Zuckercouleur gefärbt. Es ist ökonomisch, sie zuzubereiten, weil man den Sud damit »streckt«, aber leider fängt diese Zubereitungsart den Geschmack nicht so gut ein.
Eine Schmorsauce oder Reduktion ist ein eingekochter Sud, dem Wein, Gewürze, Kräuter etc. hinzugefügt wird, sodass dieser auf natürliche Weise eindickt. Dabei entsteht eine Sauce mit kräftigem Geschmack. Gönnen Sie sich die zusätzliche Zeit in der Küche – und bereiten Sie eine richtige Schmorsauce zu. Es lohnt sich!

Welche Sauce passt zu welchem Gericht? Wenn man die Wildarten in zwei Kategorien aufteilt – helles und dunkles Fleisch –, ist die Wahl ganz einfach.

DAS HELLE FLEISCH

Rehbock, Wildschwein, Kaninchen, Fasan, Wildgans und Rebhuhn

Nehmen Sie helle, cremige oder säuerliche Saucen.

DAS DUNKLE FLEISCH

Rothirsch, Damhirsch, Hase, Wildente, Krickente, Schnepfe, Waldtaube, sämtliche Wildinnereien sowie alle Wildgerichte, bei denen man Blätter, Halsstücke oder Haxen verwendet

All dies sind dunkle Fleischsorten mit einem kräftigen Aroma. Daher empfiehlt es sich, zu diesen Fleischsorten kräftige, dunkle Saucen mit intensivem Geschmack zu servieren.

HELLE CREMIGE WILDSAUCE

ZUTATEN

1 EL Traubenkernöl
2 Schalotten, fein gehackt
2 Knoblauchzehen, fein gehackt
1 Zweig Rosmarin, geschnitten
100 ml Weißweinessig
1 Flasche trockener Weißwein (etwa 750 ml)
1 l Wildfond (siehe Seite 187)
¼ l Schlagsahne
¼ l Crème fraîche (mind. 30 % Fettgehalt)
etwas Zitronensaft
Salz
frisch gemahlener weißer Pfeffer

Siehe Bild auf Seite 178-179.

Das Traubenkernöl in einen Topf geben und Schalotten, Knoblauch sowie Rosmarin darin sautieren, ohne dass sie Farbe nehmen.
Den Weißweinessig hinzufügen und so weit einkochen, bis die Flüssigkeit rund um die Schalotten karamellisiert ist. Weißwein und Wildfond angießen und auf ¼ l einkochen. Dann die Schlagsahne zugeben und zu einer leicht cremigen Konsistenz einkochen.
Den Topf vom Herd nehmen und die Sauce durch ein feines Sieb passieren, dann Crème fraîche zugeben und unter die Sauce ziehen. Mit etwas Zitronensaft, Salz und weißem Pfeffer abschmecken.

SERVIEREN

Die Sauce passt hervorragend zu hellem Fleisch.

SÜSSSAURE VANILLESAUCE

ZUTATEN

50 g Rohrzucker
2 Vanilleschoten
Saft von 5 Orangen
Saft von 2 Zitronen
1 l Wildfond (siehe Seite 187)
100 ml Rum
50 g kalte Butter, gewürfelt
Salz
frisch gemahlener Pfeffer

Siehe Bild auf Seite 178-179.

Den Zucker in einen Topf geben und zu einem hellen Karamell schmelzen. Die Vanilleschoten längs halbieren und das Mark mit der Rückseite eines Messers herausschaben. Orangen- und Zitronensaft sowie Vanillemark und -schoten zum Karamell geben. Den Saft auf die Hälfte einkochen. Dann Wildfond und Rum hinzufügen und auf etwa ½ l reduzieren. Die Sauce durch ein Sieb gießen und die Butter bei schwacher Temperatur unterrühren. Dann mit reichlich Salz und Pfeffer abschmecken.

SERVIEREN

Die Sauce passt hervorragend zu hellem Fleisch.

KÖNIGSSAUCE mit Wacholder & Thymian
ROQUEFORTSAUCE
VANILLESAUCE
KRÄFTIGE ROTWEINSAUCE
ROTWEINSAUC mit Sternanis Süßholz
SAUCE SMETANA
PFEFFERSAUCE

CREMIGE PILZSAUCE
SAHNESAUCE
SCHWARZE-JOHANNISBEER-SAUCE
PORTWEINSAUCE
CREMIGE WALNUSS-SAUCE

SAUCE SMETANA

ZUTATEN

1 Schalotte, fein gehackt
2 Knoblauchzehen, fein gehackt
1 EL geriebener Ingwer
2 Stängel Zitronengras, klein geschnitten
100 ml Weißwein
Saft von ½ Zitrone
100 g Crème fraîche (mind. 30 % Fettgehalt)
1 EL Maisstärke
Salz
frisch gemahlener Pfeffer
Olivenöl

Siehe Bild auf Seite 178-179.

Die Schalotte, Knoblauch, Ingwer und das klein geschnittene Zitronengras mit dem Weißwein in einen Topf geben. Den Wein auf die Hälfte einkochen, dann durch ein Sieb in einen anderen Topf gießen und Zitronensaft und Crème fraîche einrühren. Die Sauce aufkochen. Die Maisstärke mit etwas kaltem Wasser anrühren, in den Topf geben und umrühren, bis die Sauce eine leicht sämige Konsistenz hat. Mit Salz und Pfeffer abschmecken und mit etwas Olivenöl beträufelt servieren.

SERVIEREN

Die Sauce passt hervorragend zu hellem Fleisch.

KRÄFTIGE ROTWEINSAUCE

ZUTATEN

1 EL Traubenkernöl
2 Schalotten, fein gehackt
2 Knoblauchzehen, fein gehackt
8 Wacholderbeeren, zerstoßen
1 TL schwarzer Pfeffer
4 Lorbeerblätter
100 ml Cognac
100 ml Rotweinessig
1 Flasche kräftiger Rotwein (etwa 750 ml)
1 l Wildfond (siehe Seite 187)
50 g kalte Butter, gewürfelt
4 Zweige Thymian, Blätter fein gehackt
4 Zweige Rosmarin, Blätter fein gehackt
Salz | frisch gemahlener Pfeffer

Siehe Bild auf Seite 178-179.

Das Traubenkernöl in einen Topf geben, Schalotten, Knoblauch und Gewürze darin sautieren, ohne dass sie Farbe annehmen. Mit Cognac flambieren (siehe Seite 13), den Rotweinessig angießen und komplett einkochen, bis die Flüssigkeit um die Schalotten herum karamellisiert. Dann Rotwein und Wildfond hinzufügen und erneut auf etwa ½ l einkochen lassen. Die Sauce durch ein feines Sieb passieren. Butterwürfel und Kräuter unter Rühren zugeben. Mit wenig Salz und Pfeffer abschmecken.

SERVIEREN

Die Sauce passt hervorragend zu dunklem Fleisch.

PFEFFERSAUCE

ZUTATEN

1 TL schwarze Pfefferkörner
1 EL rosa Pfefferbeeren
1 EL grüne Pfefferkörner
1 TL Koriandersamen
1 Portion kräftige Rotweinsauce (siehe Seite 180)

Siehe Bild auf Seite 178-179.

Alle Gewürze grob im Mörser zerstoßen und in die Rotweinsauce rühren. Im Anschluss darf die Sauce nicht mehr kochen.

SERVIEREN

Die Sauce passt hervorragend zu dunklem Fleisch.

KRÄFTIGE ROTWEINSAUCE MIT STERNANIS & SÜSSHOLZ

ZUTATEN

2 Süßholzwurzeln
4 Sternanis
1 Portion kräftige Rotweinsauce (siehe Seite 180)
8 Zweige Estragon, fein gehackt
Salz
frisch gemahlener Pfeffer
etwas Zitronensaft

Siehe Bild auf Seite 178-179.

Das Süßholz auf einer Reibe fein reiben. Den Sternanis im Mörser zerstoßen. Alles zusammen mit der Rotweinsauce in einen Topf geben. Die Sauce 3–5 Minuten simmern lassen und anschließend durch ein feines Sieb gießen.
Den Estragon zugeben und mit Salz, Pfeffer und nach Geschmack etwas Zitronensaft abschmecken.

SERVIEREN

Die Sauce passt hervorragend zu dunklem Fleisch.

PORTWEINSAUCE MIT MARONEN & SCHWARZEN TRÜFFELN

ZUTATEN

20 Maronen
500 g grobes Salz
50 g schwarze Trüffel
1 Flasche dunkler Portwein
1 Flasche kräftiger Rotwein
50 g geräucherter Bacon, gewürfelt
4 Wacholderbeeren, zerstoßen
2 Lorbeerblätter
1 Schalotte, gehackt
1 l Wildfond (siehe Seite 187)
50 g kalte Butter, gewürfelt
Salz
frisch gemahlener Pfeffer
2 Zweige Thymian, Blätter fein gehackt
etwas Zitronensaft

Siehe Bild auf Seite 178-179.

Den Ofen auf 200 °C vorheizen. Alle Maronen kreuzweise einschneiden, in einer feuerfesten Form auf ein Bett aus grobem Salz setzen und im Ofen 20 Minuten backen. Die Maronen abkühlen lassen, schälen, häuten und grob hacken. Die Trüffel ebenfalls hacken. Portwein, Rotwein, Bacon, Wacholderbeeren, Lorbeerblätter und Schalotte in einen Topf geben und auf die Hälfte einkochen. Den Wildfond angießen und erneut auf etwa ½ l einkochen, dann durch ein feines Sieb gießen. Die Sauce nochmals aufkochen und die Maronen sowie die Trüffel hineingeben. Die kalte Butter bei schwacher Temperatur in die Sauce einrühren. Mit Salz, Pfeffer, Thymian und nach Wunsch einem Hauch Zitronensaft abschmecken.

SERVIEREN

Die Sauce passt hervorragend zu dunklem Fleisch.

SÄUERLICHE SCHWARZE-JOHANNISBEER-SAUCE

ZUTATEN

100 g Rohrzucker
200 ml Rotweinessig
500 ml ungesüßter Schwarze-Johannisbeer-Most
1 Flasche Rotwein
1 l Wildfond (siehe Seite 187)
etwas getrocknete unbehandelte Orangenschale
50 g kalte Butter, gewürfelt
Salz
frisch gemahlener Pfeffer
etwas Orangensaft (optional)

Siehe Bild auf Seite 178-179.

Den Rohrzucker in einem Topf zu hellem Karamell schmelzen. Den Rotweinessig angießen und auf die Hälfte einkochen. Johannisbeermost und Rotwein zugeben und auf etwa ½ l einkochen. Dann den Wildfond sowie etwas Orangenschale hinzufügen und die Sauce nochmals auf ½ l einkochen.
Die Sauce vom Herd nehmen, die kalte Butter einrühren und mit Salz, Pfeffer und nach Belieben mit einem Hauch Orangensaft abschmecken.

SERVIEREN

Die Sauce passt hervorragend zu dunklem Fleisch.

KÖNIGSSAUCE MIT WACHOLDER & THYMIAN

Siehe Bild auf Seite 178-179.

ZUTATEN

2 Schalotten
2 Knoblauchzehen
Olivenöl
8 Wacholderbeeren
1 TL schwarze Pfefferkörner
4 Lorbeerblätter
100 ml Cognac
100 ml Rotweinessig
1 Flasche kräftiger Rotwein
1 l Wildfond (siehe Seite 187)
50 g kalte Butter, gewürfelt
Salz
frisch gemahlener Pfeffer
4 Zweige Thymian, Blätter abgezupft
100 ml frisches Blut von dem gewählten Stück Wild

Schalotten und Knoblauch schälen fein hacken. In einem Topf etwas Öl erhitzen und die Schalotten mit dem Knoblauch, Wacholderbeeren, schwarzem Pfeffer und Lorbeerblättern sautieren, ohne dass sie Farbe annehmen. Mit Cognac flambieren (siehe Seite 13) und den Rotweinessig dazugeben. Das Ganze vollständig einkochen lassen und im Anschluss Rotwein und Wildfond angießen. Erneut auf etwa ½ l einkochen. Dann die Sauce durch ein feines Sieb in einen anderen Topf gießen. Unter Rühren die Butterwürfel hinzufügen, die Sauce mit Salz und Pfeffer abschmecken und die Thymianblätter unterrühren. Anschließend die Hitzezufuhr reduzieren und das frische Blut in die Sauce rühren. Es ist sehr wichtig, dass die Sauce nicht aufkocht, denn sonst wird sie verklumpen und gerinnen. Diese Sauce kann nur zu der aktuellen Mahlzeit verwendet werden. Man kann sie nicht aufwärmen.

SERVIEREN

Die Sauce passt zu dunklem Fleisch, am besten Hase oder Rothirsch..

ROQUEFORTSAUCE

Siehe Bild auf Seite 178-179.

ZUTATEN

100 ml Weißweinessig
1 l trockener Weißwein
½ l Schlagsahne
200 g Roquefort
200 g Crème fraîche (mind. 30 % Fettgehalt)
Salz
frisch gemahlener Pfeffer

Den Weißweinessig bis auf eine sirupartige Konsistenz einkochen. Dann den Weißwein angießen und das Ganze auf etwa 100 ml reduzieren. Die Schlagsahne zugeben und die Sauce auf die Hälfte einkochen. Blauschimmelkäse und Crème fraîche unterrühren. Die Sauce kurz kochen lassen und mit Salz und Pfeffer abschmecken.

SERVIEREN

Die Sauce passt sowohl zu dunklem als auch zu hellem Fleisch.

CREMIGE WALNUSSSAUCE

Siehe Bild auf Seite 178-179.

ZUTATEN

200 g Walnusskerne
100 ml weißer Balsamicoessig
½ l Schlagsahne
2 EL Crème fraîche (mind. 30 % Fettgehalt)
Salz
frisch gemahlener Pfeffer
etwas Zitronensaft (optional)

Die Walnüsse hacken und in einer trockenen Pfanne rösten, bis sie goldbraun sind und zu duften beginnen. Dann den Balsamicoessig angießen und um die Nüsse herum einkochen lassen. Die Schlagsahne zugeben und unter Rühren alles wieder bis auf die Hälfte reduzieren. Crème fraîche unterziehen, die Sauce kurz aufkochen und anschließend durch ein Sieb gießen. Die Walnüsse entsorgen, alternativ ein paar davon aufheben, um sie kurz vor dem Servieren zur Sauce zu geben. Die Sauce mit Salz, Pfeffer und nach Belieben mit etwas Zitronensaft abschmecken. Vor dem Servieren mit einem Stabmixer schaumig rühren.

SERVIEREN

Die Sauce passt sowohl zu hellem als auch zu dunklem Fleisch.

CREMIGE PILZSAUCE

Siehe Bild auf Seite 178-179.

ZUTATEN

500 g gemischte Speisepilze
1 Bund glatte Petersilie
2 EL Butter
4 Schalotten, fein gehackt
2 Knoblauchzehen, fein gehackt
Salz
frisch gemahlener Pfeffer
200 ml Noilly Prat
½ l Schlagsahne
200 g Crème fraîche (mind. 30 % Fettgehalt)
etwas Zitronensaft (optional)

Die Pilze putzen und in mundgerechte Stücke schneiden. Die Petersilienblätter abzupfen und in feine Streifen schneiden. Die Pilze anschließend in einem Topf mit Butter goldgelb anbraten. Danach Schalotten und Knoblauch zugeben und mit Salz und Pfeffer würzen. Noilly Prat angießen und einkochen lassen, bis im Topf keine Flüssigkeit mehr vorhanden ist. Dann Schlagsahne und Crème fraîche unterziehen. Die Sauce bis auf die gewünschte Konsistenz reduzieren.
Mit Salz und Pfeffer und nach Belieben mit einem Hauch Zitronensaft abschmecken. Kurz vor dem Servieren die Petersilie unter die Sauce heben.

SERVIEREN

Die Sauce passt sowohl zu hellem als auch zu dunklem Fleisch.

KAFFEESAUCE

ZUTATEN

100 g brauner Farinzucker
100 ml Sojasauce
100 ml Balsamicoessig
1 Vanilleschote
1 l Wildfond (siehe Seite 187)
4 Sternanis
2 EL Instantkaffee
Salz
frisch gemahlener Pfeffer
etwas Zitronensaft (optional)

Siehe Bild auf Seite 178-179.

Den braunen Farinzucker am Boden eines Topfes schmelzen, bis sich ein heller Karamell gebildet hat. Sojasauce und Balsamicoessig angießen und aufkochen. In der Zwischenzeit die Vanilleschote längs aufschneiden und das Vanillemark mit der Rückseite eines Messers herausschaben. Den Wildfond zusammen mit Vanillemark, -schote und Sternanis in den Topf geben. Das Ganze bei schwacher Temperatur auf ½ l einkochen lassen.
Die Sauce durch ein Sieb in einen kleinen Topf gießen und unter Rühren den Instantkaffee zugeben. Die Sauce mit Salz, Pfeffer und nach Belieben etwas Zitronensaft abschmecken.

SERVIEREN

Die Sauce passt sowohl zu hellem als auch zu dunklem Fleisch.

BRAUNE BUTTER

ZUTATEN

125 g Butter

Die Butter in einem Topf erhitzen, bis sie schäumt und nach gerösteten Nüssen duftet.
Dann den Topf vom Herd nehmen und die Butter durch ein Sieb in einen anderen Topf gießen.

SERVIEREN

Die Sauce passt sowohl zu hellem als auch zu dunklem Fleisch.

WILDFOND

ZUTATEN

1 kg Wildgerippe oder -knochen (am besten gemischt – bitten Sie den Metzger, Ihnen etwas zusätzlich einzupacken)
2 EL Traubenkernöl
½ Knolle Sellerie
1 Stange Lauch
3 Zwiebeln
3 Knollen Knoblauch
1 Bund Thymian
1 EL weiße Pfefferkörner
10 Lorbeerblätter

Dieser Fond bildet die Basis für die Saucenrezepte.

Gerippe und Knochen mit Traubenkernöl in einem Topf anbraten. Gemüse und Kräuter putzen und in grobe Stücke schneiden oder hacken. In den Topf geben und etwa 1 Minute mitbraten. Pfefferkörner und Lorbeerblätter hinzufügen und mit 10 l Wasser aufgießen, bis alles bedeckt ist.

Das Ganze aufkochen und anschließend etwa 2 Stunden bei schwacher Temperatur köcheln lassen. Schwebstoffe regelmäßig abschäumen.

Die Suppe durch ein feines Sieb in einen anderen Topf gießen und auf etwa 2 l einkochen lassen.

JÄGERSHOTS

Gemeinsam auf die Jagd zu gehen, darauf kann man eine Freundschaft bauen. Man schwatzt mit seinen Jagdkameraden. Man teilt Erlebnisse und Gedanken. Umso besser, wenn dabei etwas durch Kehle und Magen fließt.

Diese Vorschläge sind geeignet für die kalten und dunklen, aber auch die warmen, hellen Herbsttage.

DUNKLER WARMER JÄGER

ZUTATEN

1 l Rotwein
½ l Portwein
100 ml Cognac
4 Nelken
20 Wacholderbeeren, zerstoßen
6 Lorbeerblätter
1 unbehandelter Tannenzweig
1 EL schwarze Pfefferkörner
6 Sternanis
6 EL Honig
2 Zimtstangen

Siehe Bild auf Seite 188.
Für 10–12 Personen

Alle Zutaten in einen Topf geben und auf 45–50 °C erhitzen. Dann den Topf vom Herd nehmen und die Mischung vor dem Servieren abgedeckt 1 Stunde ziehen lassen. Abseihen und warm genießen.

WEISSER WARMER JÄGER

ZUTATEN

1 l Weißwein
350 ml Grand Marnier
2 EL Honig
100 g helle Rosinen
100 g geschälte Mandeln
4 Zimtstangen

Siehe Bild auf Seite 188.
Für 10–12 Personen

Alle Zutaten in einen Topf geben und auf 45–50 °C erhitzen. Dann den Topf vom Herd nehmen und die Mischung vor dem Servieren abgedeckt 1 Stunde ziehen lassen. Abseihen und warm genießen.

KRÄUTERBITTER

ZUTATEN

20 Wacholderbeeren
20 Schlehenbeeren
20 schwarze Pfefferkörner
1 EL brauner Farinzucker
350 ml neutraler Schnaps
1 unbehandelter Tannenzweig

Siehe Bild auf Seite 188.
Für 10–12 Personen

Wacholderbeeren, Schlehenbeeren und die schwarzen Pfefferkörner in einem Mörser zerstoßen und die Mischung in eine geeignete Flasche füllen. Braunen Zucker hinzufügen, umrühren und den Schnaps angießen. Den Tannenzweig anzünden, ausbrennen lassen und in die Schnapsmischung geben. Das Ganze einen Monat an einem dunklen Ort ziehen lassen, dann abseihen und in Flaschen abfüllen.

KLARER JÄGERSCHNAPS

ZUTATEN

1 kg Wiesenchampignons
2 EL Honig
350 ml neutraler Schnaps

Siehe Bild auf Seite 188.
Für 10–12 Personen

Die Pilze putzen und zerdrücken, in eine feuerfeste Form füllen, dann Honig und Schnaps hinzufügen. Die Form dicht mit Frischhaltefolie verschließen, in den Ofen stellen und bei 45 °C 24 Stunden ziehen lassen. Anschließend die Flüssigkeit abseihen, die Pilze auspressen und den Schnaps in Flaschen abfüllen.

BOURBON MIT GERÄUCHERTEM BACON

ZUTATEN

100 g geräucherter Bacon
350 ml Bourbon

Siehe Bild auf Seite 188.
Für 10–12 Personen

Den Bacon in Streifen schneiden, bei hoher Temperatur in einer trockenen Pfanne anrösten und anschließend auf Küchenkrepp abtropfen lassen. Dann den Bacon in ein Weckglas füllen und mit Bourbon übergießen. 1 Woche ziehen lassen, abseihen und in Flaschen abfüllen.

EIN VOLLTREFFER

ZUTATEN

200 ml selbst gemachter Kräuterbitter (siehe Seite 190)
1 Flasche Champagner

Siehe Bild auf Seite 188.
Für 10–12 Personen

Beide Zutaten mixen und leicht gekühlt genießen.

SNACKS

Zum Schluss ein paar Vorschläge für Snacks, die man entweder zu Hause vorbereiten und in der Jagdhütte zubereiten oder über einem Feuer in der freien Natur aufwärmen kann. Mit Sicherheit machen sie die Jagd oder die Tour durch den Wald besonders denkwürdig.

GEWÜRZBROT MIT
BLAUSCHIMMELKÄSE,
SEITE 197
GETROCKNETER
GÄNSESCHINKEN,
SEITE 196
GERÖSTETE
WALNÜSSE,
SEITE 194

GERÖSTETE MARONEN

ZUTATEN

1 kg Maronen
1 kg grobes Salz
kalte Butter, in kleinen Würfeln

Siehe Bild auf Seite 192-193.

Den Ofen auf 180 °C vorheizen. Alle Maronen kreuzweise einschneiden, in einer feuerfesten Form auf ein Bett aus grobem Salz setzen und im Ofen 30 Minuten backen. Mit den Fingern von Schalen und Häuten befreien und warm genießen, mit kalter Butter und grobem Salz bestreut. Die Maronen alternativ über einem Feuer erhitzen.

GERÖSTETE WALNÜSSE

ZUTATEN

1 kg Walnüsse mit Schale
grobes Salz
100 ml Ahornsirup
50 g kalte Butter, in kleinen Würfeln

Siehe Bild auf Seite 192-193.

Den Ofen auf 180 °C vorheizen. Kräftig auf die Walnüsse hämmern, sodass sich die Schale längs öffnet. Die halben Nüsse mit Schalen mit der flachen Seite nach oben in einer feuerfesten Form auf ein Bett aus grobem Salz setzen. Mit Ahornsirup einpinseln, dann mit Salz bestreuen und auf jede Nusshälfte einen kleinen Butterwürfel geben. Die Form für 10 Minuten in den Ofen stellen – oder über dem offenen Feuer grillen. Die Nüsse heiß verzehren.

GETROCKNETES ROTHIRSCHFLEISCH

ZUTATEN

100 g Rothirschfleisch (am besten Filet oder Keulen)
Salz
frisch gemahlener Pfeffer

Siehe Bild auf Seite 192-193.

Das Fleisch mit Salz und Pfeffer einreiben und einen Tag im Kühlschrank ziehen lassen. Dann in 3–4 cm breite Streifen schneiden und servieren.

GEBEIZTER HIRSCH

ZUTATEN

200 g Filet vom Rothirsch
2 EL brauner Farinzucker
2 EL Salz
1 EL schwarze Pfefferkörner, zerstoßen

Siehe Bild auf Seite 192-193.

Das Fleisch von Fett und Sehnen befreien. Eine Mischung aus Farinzucker, Salz und zerstoßenem Pfeffer herstellen und das Fleisch gründlich mit der Mischung einreiben. Dann in Frischhaltefolie wickeln und über Nacht (mindestens aber 8 Stunden) kalt stellen. Das Fleisch auspacken und mit Küchenkrepp abtrocknen. In dünne Scheiben schneiden und servieren.

CONFIT VOM WILDGEFLÜGELSCHENKEL

ZUTATEN

200 g ganze Geflügelschenkel mit Haut und Knochen (z. B. Tauben-, Gänse- oder Entenschenkel)
50 g grobes Salz
1 l Entenfett, zerlassen
Salz
frisch gemahlener Pfeffer

Siehe Bild auf Seite 192-193.

TAG 1
Die Geflügelschenkel mit Salz einreiben und über Nacht (mindestens aber 8 Stunden) kalt stellen.

TAG 2
Das Salz unter kaltem Wasser abwaschen und das Fleisch dann zusammen mit dem Entenfett in einen Topf geben. Den Topf auf den Herd stellen und das Fleisch im Fett simmern lassen, bis es weich ist (15–20 Minuten bei Taubenschenkeln, 20–30 Minuten bei Entenschenkeln und 30–40 Minuten bei Gänseschenkeln).
Die Schenkel herausnehmen und auf Küchenpapier abtropfen lassen. Mit reichlich Salz und Pfeffer würzen und servieren.

Heben Sie das Fett im Tiefkühler auf, da es mehrere Male verwendet werden kann.

GETROCKNETER GÄNSESCHINKEN

ZUTATEN

4 Gänseschenkel
100 g grobes Salz
2 EL schwarze Pfefferkörner, zerstoßen

Siehe Bild auf Seite 192-193.

Die Schenkel entbeinen, die Haut allerdings daran belassen. Salz und Pfeffer mischen und die Schenkel kräftig damit einreiben. Dann für 12 Stunden in den Kühlschrank stellen. Die Gewürze anschließend unter kaltem Wasser abwaschen und die Schenkel einzeln so zusammenbinden, dass sie einem kleinen Schinken ähneln.
Die Schinken mit einem Teller darunter zum Sammeln der austretenden Flüssigkeit in den Kühlschrank hängen. Sie sollten ein bis zwei Wochen dort hängen. Den Schinken zum Servieren in dünne Scheiben schneiden und auf geröstetem Brot mit eingelegten Leckereien als Beilage anrichten.

GEWÜRZBROT MIT BLAUSCHIMMELKÄSE

Siehe Bild auf Seite 192-193.
Für 12 Personen

ZUTATEN

3 Eier
80 g Zucker
1 l Ahornsirup
200 ml Milch
1 Msp. zerstoßene Nelken
1 TL zerstoßener Ingwer
1 TL zerstoßener Zimt
1 TL zerstoßener Anis
1 TL zerstoßener Kardamom
50 g Hefe
125 g Weizenmehl
125 g Grahammehl
100 g Roquefort zum Anrichten

Den Ofen auf 180 °C vorheizen. Die Eier in eine Schüssel schlagen und mit dem Zucker schaumig rühren. Anschließend den Ahornsirup dazugießen. Die Milch in einem Topf mit den Gewürzen aufkochen, dann leicht abkühlen lassen und anschließend die Hefe in die warme Milch geben.

Die Milchmischung in die Schüssel mit der Eimischung füllen. Die beiden Mehlsorten hineinsieben und alles zu einem lockeren Teig verrühren. Den Teig in Pasteten- oder Brotformen füllen und im vorgeheizten Ofen 30–40 Minuten backen.

Das Brot aus der Form nehmen und auf einem Rost abkühlen lassen. Zunächst in dünne Scheiben, dann in schmale Rechtecke schneiden und im Ofen, auf dem Grill oder im Toaster knusprig rösten.

SERVIEREN

Die knusprigen Brotscheiben mit Blauschimmelkäse anrichten. Das schmeckt fantastisch!

SCHROT ...

Ich hatte mir beim Kochen wahnsinnig Mühe gegeben. Sogar eine gute Sauce und leckere Beilagen warteten fertig zubereitet auf meine Gäste.

Als sie ankamen, trieb der Duft von Geflügelwild ihre Erwartungen in schwindelerregende Höhen. Wir begaben uns zu Tisch, dann wurde das Essen serviert.

Ich schnitt vorsichtig und gespannt in das Fleisch, gab etwas Sauce darauf und freute mich diebisch auf den ersten Bissen.

Dann nahm ich die Gabel in den Mund, kaute und schmeckte. Im nächsten Moment war alles zerstört! Mein Schädel fühlte sich an, als sei er in tausend Stücke zersprungen. Ich hatte auf eine Schrotkugel gebissen.

Daher, liebe Jäger, treffen Sie bitte Ihre Beute präzise! Denn nicht nur meine Gäste und ich hassen es, Schrot im Mund zu haben.

REZEPTÜBERSICHT

REGISTER

Z

Produktmanagement: Franziska Sorgenfrei
Übersetzung aus dem Dänischen: Ricarda Essrich
Textredaktion: Julia Bauer
Korrektur: Jeannette Kiesel
Satz: imprint, Zusmarshausen
Umschlaggestaltung: Caroline Daphne Georgiadis, Daphne Design

Gesamtherstellung Verlagshaus GeraNova Bruckmann GmbH

* * * * *

Sind Sie mit diesem Titel zufrieden? Dann würden wir uns über Ihre Weiterempfehlung freuen. Erzählen Sie es im Freundeskreis, berichten Sie Ihrem Buchhändler oder bewerten Sie bei Onlinekauf. Und wenn Sie Kritik, Korrekturen, Aktualisierungen haben, freuen wir uns über Ihre Nachricht an:
Christian Verlag, Postfach 40 02 09, D-80702 München
oder per E-Mail an lektorat@verlagshaus.de.

Unser komplettes Programm finden Sie unter www.christian-verlag.de

Alle Angaben dieses Werkes wurden vom Autor sorgfältig recherchiert und auf den neuesten Stand gebracht sowie vom Verlag geprüft. Für die Richtigkeit der Angaben kann jedoch keine Haftung übernommen werden.

Die Deutsche Nationalbibliothek verzeichnet diese Publikation in der Deutschen Nationalbibliografie; detaillierte bibliografische Daten sind im Internet über http://dnb.d-nb.de abrufbar.

Die Originalausgabe mit dem Titel *Vildt på gaflen* wurde erstmals © 2013 im Verlag JP/Politikens Hus, Kopenhagen, veröffentlicht.

Text und Rezepte: Rasmus Grønbech

ISBN 978-3-86244-673-5

Ebenfalls erhältlich ...

ISBN 978-3-86244-640-7

ISBN 978-3-86244-589-9

ISBN 978-3-86244-588-2

ISBN 978-3-86244-262-1

CHRISTIAN

www.christian-verlag.de